DK Travel Guides

DUTCH
PHRASE BOOK

A Dorling Kindersley Book

LONDON, NEW YORK, MUNICH,
MELBOURNE, AND DELHI

www.dk.com

Compiled by Lexus Ltd with
Irma Laponder and John T Breckenridge
Printed and bound in Italy by Printer Trento Srl.

First published in Great Britain in 1997
by Dorling Kindersley Limited
80 Strand, London WC2R ORL

Reprinted with corrections 2000
4 6 8 10 9 7 5 3 2

Dorling Kindersley books can be purchased in bulk quantities at
discounted prices for use in promotions or as premiums. We are
also able to offer special editions and personalized jackets, corporate
imprints, and excerpts from all of our books, tailored specifically to
meet your own needs. To find out more, please contact: Special Sales,
Dorling Kindersley Limited, 80 Strand, London WC2R ORL;
Tel. 020 7010 3000.

A CIP catalogue record is available from the British Library.

ISBN 0 7513 1087 5

Picture Credits

Jacket: all images special photography Max Alexander,
Philip Gatward, Steve Gorton, Rupert Horrox and Clive Streeter.

CONTENTS

PREFACE

This *Dorling Kindersley Travel Guides Phrase Book* has been compiled by experts to meet the general needs of tourists and business travellers. Arranged under headings such as Hotels, Driving, and so forth, the ample selection of useful words and phrases is supported by a 2000-line mini-dictionary. By cross-reference to this, scores of additional phrases may be formed. There is also an extensive menu guide listing approximately 500 dishes or methods of cooking and presentation.

The pronunciation of words and phrases in the main text is imitated in English syllables, and highlighted sections illustrate some of the replies you may be given and the signs or instructions you may hear.

Dorling Kindersley Travel Guides are recognized as the world's best travel guides. Each title features specially commissioned colour photographs, cutaways of major buildings, 3-D aerial views and detailed maps, plus information on sights, events, hotels, restaurants, shopping and entertainment.

Dorling Kindersley Travel Guides titles include:

Amsterdam · Australia · Sydney · Berlin · Budapest · California
Florida · Hawaii · New York · San Francisco & Northern California
Canada · France · Loire Valley · Paris · Provence · Great Britain
London · Ireland · Dublin · Scotland · Greece: Athens & the Mainland
The Greek Islands · Istanbul · Italy · Florence & Tuscany
Milan & the Lakes · Naples · Rome · Sardinia · Sicily
Venice & the Veneto · Jerusalem & the Holy Land · Mexico · Moscow
St Petersburg · Portugal · Lisbon · Prague · South Africa
Spain · Barcelona · Madrid · Seville & Andalusia · Thailand
Vienna · Warsaw

PRONUNCIATION

When reading the imitated pronunciation, stress the part that is underlined. Pronounce each syllable as if it formed part of an English word, and you will be understood sufficiently well. Remember the points below, and your pronunciation will be even closer to the correct Dutch.

CH   represents the guttural sound of 'ch' as in Scottish 'loch' (*don't* pronounce this as 'lock')

ey   should be as in 'day'

oo   as in 'book'

OO   is like the French sound 'du', or similar to the 'eau' in 'beauty'

ow   as in 'cow', *not* as in 'low'

In vocabulary lists, where a Dutch word is pronounced the same as in English, then the English word is given, in quotation marks, for the pronounciation guide.

USEFUL EVERYDAY PHRASES

Yes/No
Ja/Nee
ya/ney

Thank you
Dank u wel
dank oo vel

No thank you
Nee, dank u
ney, dank oo

Please
Alstublieft
alstooble_ee_ft

I don't understand
Ik begrijp het niet
ick beCHr_ey_p et neet

Do you speak English/French/German?
Spreekt u Engels/Frans/Duits?
spreykt oo _e_ngels/frans/dowts

I can't speak Dutch
Ik spreek geen Nederlands
ick spreyk CHeyn n_e_derlands

Please speak more slowly
Wilt u alstublieft wat langzamer spreken
vilt oo alstooble_ee_ft vatt l_a_ngzahmer spr_ey_keh

Please write it down for me
Wilt u het alstublieft voor mij opschrijven
vilt oo et alstoobleeft foor mey opschreyfeh

Good morning/good afternoon/good night
Goedemorgen/goedemiddag/goedenavond
choodemorchen/choodemiddach/choodenahfont

Goodbye
Tot ziens
tot zeens

How are you?
Hoe gaat het met u?
hoo chaht et met oo

Excuse me, please
Neem me niet kwalijk, alstublieft
neym mey neet kvalek alstoobleeft

Sorry!
Sorry!
sorry

I'm really sorry
Het spijt me echt
et speyt mey echt

Can you help me?
Kunt u mij helpen?
kuhnt oo mey helpeh

I've lost my passport/money/room key/traveller's cheques
Ik heb mijn paspoort/geld/kamer sleutel/reischeques verloren
Ick hep meyn paspohrtcheld/kahmeh slurrtel/reys sjecks verlohreh

Can you tell me ...?
Kunt u mij vertellen ...?
kuhnt oo mey fertelleh

Can I have ...?
Mag ik ... hebben?
mahCH ick ... hebbeh

I would like ...
Ik zou graag ...
ick zow CHrahCH

Is there a ... here?
Is er hier een ...?
iss er here en

Where can I get ...?
Waar kan ik ... krijgen?
vahr kan ick ... kreyCHeh

Where is the British embassy?
Waar is de Britse ambassade?
vahr iss de Britseh ambassahde

How much is it?
Hoeveel is het?
hooveyl iss et

Do you take credit cards?
Accepteert u credit cards?
acksepteert oo 'credit cards'

Can I pay by cheque?
Kan ik met een cheque betalen?
kan ick met en sheck betahleh

Where are the toilets?
Waar zijn de toiletten?
vahr zeyn de tvaletteh

What time is it?
Hoe laat is het?
hoo laht iss et

I must go now
Ik moet nu gaan
ick moot noo CHahn

Go away!
Ga weg!
CHa veCH

Cheers!
Proost!
prohst

Is there wheelchair access?
Waar is de ingang voor rolstoelen?
vahr iss de inchang voor rolstoohleh

Are there facilities for the disabled?
Zÿn er gehandicapte faciliteiten?
zeyn er CHehandikapt fahciliteyteh

Are guide dogs allowed?
Mogen blindengeleide honden naar binnen?
mooCHeh blihndehCHeleydeh hondeh nahr binnen?

THINGS YOU'LL SEE OR HEAR

aan de voorkant	at the front
aanbellen	ring
aankomst	arrival
achter	at the back
attentie	attention
a.u.b.	please
beneden	at the bottom, downstairs
betalen	pay
bezet	engaged
binnengaan	enter
boven	at the top, above, upstairs
controle	check, inspection
dames	women
defect	out of order
dicht	shut
douane	customs
duwen	push
geen, geen een	none, not any
geopend	open
gereserveerd	reserved/booked
gesloten	closed
gevaar	danger
gratis	free
heren	men
ingang	way in, entry
kapot	out of order
kassa	till, cash desk
kinderen	children
kloppen	knock
langzaam	slow
let op de opstap/ afstap	mind the step (literally step up or down)
links	left
niet roken a.u.b.	no smoking

→

niet …	do not …
omkeren	to turn
onder	under
open	open
openingstijden	opening hours
paspoort	passport
prijs	price
rechts	right
snel	fast
stad	town, city
stop	stop
straat	street
strafbaar	punishable
tarief	charges, price list
tijd	time
toegang	access
tot	until
trekken	pull
uitgang	way out/exit
vanuit, van	from, of
verboden	prohibited
verhuren	to rent
verkopen	to sell
vertrek	departure
voetgangers	pedestrians
volwassenen	adults
voorzichtig	take care

DAYS, MONTHS, SEASONS

Sunday	zondag	*zondacH*
Monday	maandag	*mahndacH*
Tuesday	dinsdag	*dinsdacH*
Wednesday	woensdag	*voonsdacH*
Thursday	donderdag	*donderdacH*
Friday	vrijdag	*freydacH*
Saturday	zaterdag	*zahterdacH*

January	januari	*yanooary*
February	februari	*frebrooary*
March	maart	*mahrt*
April	april	*ahpril*
May	mei	*mey*
June	juni	*yooni*
July	juli	*yooli*
August	augustus	*owcHustus*
September	september	*september*
October	oktober	*oktober*
November	november	*november*
December	december	*deysember*

Spring	lente	*lenteh*
Summer	zomer	*zohmer*
Autumn	herfst	*herfst*
Winter	winter	*vinter*

Christmas	Kerstmis	*kerstmiss*
Christmas Eve	Kerstnacht	*kerstnacHt*
Good Friday	Goede Vrijdag	*cHoodeh freydacH*
Easter	Pasen	*pahseh*

| New Year | Nieuwjaar | *neewyahr* |
| New Year's Eve | Oudejaarsavond | *owdehyahrsahfont* |

NUMBERS

0	nul *nool*	5	vijf *feyf*
1	een *eyn*	6	zes *zess*
2	twee *tvey*	7	zeven *zeyveh*
3	drie *dree*	8	acht *aCHt*
4	vier *feer*	9	negen *neyCHeh*

10 tien *teen*
11 elf *elf*
12 twaalf *tvahlf*
13 dertien *derteen*
14 veertien *feyrteen*
15 vijftien *feyfteen*
16 zestien *zessteen*
17 zeventien *zeyvehteen*
18 achttien *aCHteen*
19 negentien *neyCHenteen*
20 twintig *tvinticH*
21 eenentwintig *eynentvinticH*
22 tweeëntwintig *tveyentvinticH*
30 dertig *derticH*
40 veertig *feyrticH*
50 vijftig *feyfticH*
60 zestig *zessticH*
70 zeventig *zeyventicH*
80 tachtig *taCHticH*
90 negentig *neyCHenticH*
100 honderd *hondert*
110 honderd tien *hondert-teen*
200 tweehonderd *tvey hondert*
1000 duizend *dowzend*
1,000,000 een miljoen *eyn milyoon*

14

TIME

today	vandaag	*fandahCH*
yesterday	gisteren	*CHistereh*
tomorrow	morgen	*morCHeh*
the day before yesterday	eergisteren	*eyrCHistereh*
the day after tomorrow	overmorgen	*overmorCHeh*
this week	deze week	*deyzeh veyk*
last week	vorige week	*foriCHeh veyk*
next week	volgende week	*folCHende veyk*
this morning	vanmorgen	*fanmorCHeh*
this afternoon	vanmiddag	*fanmiddaCH*
this evening	vanavond	*fanahfont*
tonight	vanavond, vannacht	*fanahfont, fannaCHt*
yesterday afternoon	gistermiddag	*CHistermiddaCH*
last night	gisteravond	*CHisterafont*
tomorrow morning	morgenochtend	*morCHeh-oCHtent*
tomorrow night	morgenavond	*morCHeh-ahfont*
in three days	over drie dagen	*ofer dree dahCHeh*
three days ago	drie dagen geleden	*dree daCHeh CHeleydeh*
late	laat	*laht*
early	vroeg	*frooCH*
soon	gauw	*CHow*
later on	later	*lahter*
at the moment	op het moment	*op et moment*
second	een seconde	*sekondeh*
minute	een minuut	*minoot*
ten minutes	tien minuten	*teen minooteh*
quarter of an hour	een kwartier	*kvarteer*
half an hour	een half uur	*hulf oor*

15

three quarters of an hour	drie kwartier	*dree kvarteer*
hour	een uur	*oor*
day	een dag	*daCH*
week	een week	*veyk*
fortnight	twee weken	*tvey veykeh*
month	een maand	*mahnt*
year	een jaar	*yahr*

TELLING THE TIME

Telling the time has similarities with English. Minutes past the hour being **over** and minutes before being **voor**. Thus 6.10 is **tien over zes**, literally 'ten beyond six' and 5.50 is **tien voor zes**, 'ten before six'. The half hour is different; it is always related to the following hour rather than the previous one, so 5.30 is **half zes**, literally 'half before six'.

You will also hear people refer to the time in relation to the half hour. 5.20 can be either **twintig over vijf** 'twenty past five' or **tien voor half zes** 'ten to half past five'. Similarly, 5.40 can be either **twintig voor zes** 'twenty to six' or **tien over half zes** 'ten past half past five'. The quarter hour is always **kwart voor** 'quarter to' or **kwart over** 'quarter past'. The twenty-four hour clock is used in all public transport timetables.

one o'clock	een uur	*eyn oor*
ten past one	tien over een	*teen ofer eyn*
quarter past one	kwart over een	*kvahrt ofer eyn*
twenty past one	twintig over een	*tvinticH ofer eyn*
half past one	half twee	*hulf tvey*
twenty to two	twintig voor twee	*tvinticH foor tvey*
quarter to two	kwart voor twee	*kvahrt foor tvey*
ten to two	tien voor twee	*teen foor tvey*
two o'clock	twee uur	*tvey oor*

13.00 (1 pm)	dertien uur	*derteen oor*
16.30 (4.30 pm)	zestien uur	*zessteen oor*
	dertig	*dertich*
20.10 (8.10 pm)	twintig uur tien	*tvintich oor teen*
at half past five	om half zes	*om half zess*
at seven o'clock	om zeven uur	*om zeyveh oor*
noon	twaalf uur's	*tvahlf oor*
	middags	*smiddachs*
midnight	middernacht	*middernacht*

HOTELS

Dutch hotels follow the 5-star classification common throughout most of Europe. They are obliged to display prices in each room and may give reduced prices at weekends or for stays of more than five days. The displayed price is normally for the room only, and breakfast or other meals are charged on an individual basis.

The National Tourist Organisation, V.V.V., or **Vereniging Voor Vreemdelingverkeer** (pronounced *fey, fey, fey*) offers a comprehensive information service. Most towns have an office offering help and advice on everything from places of interest to restaurants, shops and entertainment. They have a full listing of hotels and motels in the area, together with guest houses and bed-and-breakfast accommodation. They will also help with bookings if required. There are always English speakers present.

USEFUL WORDS AND PHRASES

balcony	het balkon	*balkon*
bathroom	de badkamer	*batkahmeh*
bed	het bed	*bet*
bedroom	de slaapkamer	*slahpkahmeh*
bill	de rekening	*reykening*
breakfast	het ontbijt	*ontbeyt*
dining room	de eetkamer	*eytkahmeh*
double room	de tweepersoonskamer	*tveypersohnskahmeh*
foyer	de foyer	*foyeh*
full board	volpension	*follpenshon*
half board	halfpension	*halfpenshon*
hotel	het hotel	*hotel*
key	de sleutel	*slurrtel*
lift	de lift	*lift*
lounge	de conversatiezaal	*konversasiesahl*
lunch	de lunch	*'lunch'*
manager	de manager, de chef	*manager, shef*

reception	de receptie	*resepsie*
receptionist		
(female)	de receptioniste	*resepshonisteh*
(male)	de receptionist	*resepshonist*
restaurant	het restaurant	*restorant*
room	de kamer	*kahmeh*
room service	de roomservice	*roomservis*
shower	de douche	*doosh*
single room	de eenpersoonskamer	*eynpersohnskahmeh*
toilet	het toilet	*tvalet*
twin room	een kamer met twee eenpersoonsbedden	*kahmeh met tvey eynpersohnsbeddeh*

Have you any vacancies?
Hebt u een kamer vrij?
hept oo en kahmeh frey

I have a reservation
Ik heb een kamer besproken
ick hep en kahmeh besprohkeh

I'd like a single room
Ik wil graag een eenpersoonskamer
ick vill CHRACH en eynpersohnskahmeh

We'd like a double room
Wij willen graag een tweepersoonskamer
vey villeh CHRACH en tveypersohnskahmeh

Do you have a twin room?
Hebt u een kamer met twee eenpersoonsbedden?
hept oo en kahmeh met tvey eynpersohnsbeddeh

I'd like a room with a bathroom/balcony
Ik wil graag een kamer met bad/balkon
ick vill CHRACH en kahmeh met bat/balkon

Is there satellite/cable TV in the rooms?
Hebben de kamers satelliet/kabel TV?
heppeh de kahmehs sahteleet/kahbel tch veh

Is there a highchair/cot/baby changing room?
Is er een kinderstoel/kinderbedje/baby ruimte?
iss er en kindherstoul/kindherbehtje/baby rowmteh

I'd like a room for one night/three nights
Ik wil graag een kamer voor een nacht/drie nachten
ick vill CHraCH en kahmeh foor eyn naCHt/dree naCHteh

What is the charge per night?
Hoeveel is het per nacht?
hooveyl iss et per naCHt

Is there a reduction for children?
Krijgen kinderen korting?
kreyCHeh kindehren kohrteeng

I don't know yet how long I'll stay
Ik weet nog niet hoelang ik blijf
ick vate noCH neet hoolang ick bleyf

When is breakfast/dinner?
Hoe laat is het ontbijt/diner?
hoo laht iss et ontbeyt/deeney

Can you warm this bottle/baby food for me?
Kunt u/kun je deze fles/dit kinder eten voor me opwarmen?
kuhnt oo/kuhn jeh dehze vlez/diht kindehr ehteh vohr meh opvarmeh

Would you have my luggage brought up?
Wilt u mijn bagage naar boven laten brengen?
vilt oo meyn baCHage nahr bohfeh lahteh brengeh

Please call me at … o'clock
Roep me alstublieft om … uur
roop mey alstoobleeft om … oor

Can I have breakfast in my room?
Kan ik in mijn kamer ontbijten?
kan ick in meyn kahmeh ontbeyteh

I'll be back at … o'clock
Ik ben om … uur terug
ick ben om … oor terruCH

My room number is …
Mijn kamernummer is …
meyn kahmehnoomer iss

I'm leaving tomorrow
Ik vertrek morgen
ick fer-treck morCHeh

May I have my bill, please?
Kan ik afrekenen, alstublieft?
kan ick afreykeneh, alstoobleeft

Can you get me a taxi?
Kunt u voor mij een taxi bestellen?
kuhnt oo foor mey en taxi bestelleh

REPLIES YOU MAY BE GIVEN

Alle tweepersoonskamers zijn bezet
We have no double rooms left

Het spijt me, we zitten vol
I'm sorry, we're full

Verlaat uw kamer alstublieft om …
Please vacate the room by …

Wilt u alstublieft vooruit betalen
Please pay in advance

THINGS YOU'LL SEE OR HEAR

bad	bath
bagage	luggage
begane grond	ground floor
BTW	VAT
diner	dinner
douche	shower
duwen	push
kamer	room
kamers vrij	vacancies
kinderen	children
logies met ontbijt	bed and breakfast
nacht	night
nooduitgang	emergency exit
overnachting	overnight stay
reservering	reservation
toeslag	supplement
trekken	pull
verdieping	storey, floor
vol, volgeboekt	no vacancies

CAMPING AND CARAVANNING

The Netherlands have an exceptionally large number of well-equipped campsites, most of which are open from May until September, while in some tourist and sports areas you will find sites open all year round. Camping on private ground away from official campsites requires permission from both the landowner and the local authority.

In addition there are a large number of youth hostels throughout the country that provide a basic standard of food and accommodation.

USEFUL WORDS AND PHRASES

bucket	de emmer	_emmeh_
campfire	het kampvuur	_kampfoor_
to go camping	gaan kamperen	CHahn kamp_ey_reh
campsite	het kampeerterrein	kamp_ey_rterr_ey_n
caravan	de caravan	k_a_rafan
caravan site	de camping	k_a_mping
cooking utensils	het keukengerei	k_oo_kenCH_e_rey
drinking water	het drinkwater	drinkv_a_hteh
groundsheet	het grondzeil	CHr_o_ndzeyl
guy rope	de stormlijn	st_o_rmleyn
to hitchhike	liften	l_i_fteh
rope	het touw	touw
rubbish	het afval	_a_f-fal
rucksack	de rugzak	r_u_CHsack
saucepans	de steelpannen	st_ey_lpanneh
sleeping bag	de slaapzak	sl_a_hpsack
tent	de tent	'tent'
youth hostel	de jeugdherberg	y_u_CHtherberCH

23

Can I camp here?
Kan ik hier kamperen?
kan ick here kampeyreh

Can we park the caravan here?
Kunnen we de caravan hier neerzetten?
kuneh vey de karafan here neyrsetteh

Where is the nearest campsite/caravan site?
Waar is het dichtstbijzijnde kampeerterrein/camping?
vahr iss et diCHtsbeyzeynde kampeyr-terreyn/kamping

What is the charge per night?
Hoeveel is het per nacht?
hooveyl iss et per naCHt

What facilities are there?
Wat voor faciliteiten zijn er hier?
vatt foor faciliteyten zeyn er here

Can I light a fire here?
Kan ik hier een vuur maken?
kan ick here en foor mahkeh

Where can I get …?
Waar kan ik … krijgen?
vahr kan ick … kreyCHeh

Is there drinking water here?
Is er hier drinkwater?
iss er here drinkvahteh

THINGS YOU'LL SEE OR HEAR

aanhangwagen	trailer
brand	fire
camping	campsite
caravan	caravan, trailer
deken	blanket
douche	shower
drinkwater	drinking water
gebruik	use
jeugdherberg	youth hostel
jeugdherbergbeheerder	youth hostel warden
kampeerterrein	campsite
keuken	kitchen
lenen	to lend, borrow
licht	light
open vuur	open fire
slaapzaal	dormitory
slaapzak	sleeping bag
tarief	charges
tentpaal	tent pole
tentpen, haring	tent peg
toegangsbewijs	pass
toilet, WC	toilet
verhuurtarief	hire charge

DRIVING

Drive on the right, overtake on the left. On dual carriageways you may remain in the left-hand lane if there is dense traffic on your right, but when columns have formed in both lanes you are allowed to drive faster in the right-hand lane. If you happen to be in the left-hand lane you may move to the right only in order to turn off, stop, or follow directional arrows.

Traffic coming from the right has priority at crossroads and junctions wherever there is no priority sign or traffic light, unless entering the main road from a car park, service station, private road, path or forest track. Your right of way is signalled by a yellow diamond or the more familiar arrow inside a red triangle. The former gives you priority for some distance ahead while the latter is for the next intersection only. An inverted red triangle or an octagonal STOP sign denotes that you must give way. At roundabouts uncontrolled by traffic lights, you must wait until the way is clear for you to enter. Once on the roundabout, you do not necessarily have right of way over incoming traffic: the correct situation will be indicated before you enter the roundabout.

In built-up areas a speed limit of 50 km/h (31 mph) is shown by a red-bordered circular sign with the number 50 in black. A similar black and white sign with black diagonal stripes signals the end of the speed limit. Outside built-up areas, the general speed limit is 80 km/h (50 mph) except on motorways where the speed limit is usually 120 km/h (74 mph) but may be 100 km/h (62 mph) in some areas. Heavier vehicles – lorries, buses, cars towing caravans or trailers – are restricted to 80 km/h (50 mph) on all roads and motorways.

All motorists entering Holland by car from abroad should have a 'green card' certificate of insurance.

USEFUL WORDS AND PHRASES

boot	de kofferruimte	*koffer-rowmteh*
brake	de rem	*remm*
breakdown	motorpech	*motorpeCH*
car	de auto	*owtoh*
caravan	de caravan	*karavan*
clutch	de koppeling	*koppeling*
crossroads	de kruising	*krowsing*
to drive	rijden	*reydeh*
engine	de motor	*motohr*
exhaust	de uitlaat	*owtlaht*
fanbelt	de ventilatorriem	*fentilatorreem*
garage	de garage	*CHaraGE*
gear	de versnelling	*fersnelling*
gearbox	de versnellingsbak	*fersnellingsbak*
gears	de versnellingen	*fersnellingen*
junction	het kruispunt	*krowspoont*
(on motorway)	de wegkruising	*veCHkrowsing*
licence	het rijbewijs	*reybeveys*
lights (head)	de koplampen	*koplampeh*
(rear)	de achterlichten	*aCHterliCHteh*
lorry	de vrachtwagen	*fraCHtvahCHeh*
mirror	de spiegel	*speeCHel*
motorbike	de motor	*motor*
motorway	de autosnelweg	*owtosnellveCH*
number plate	de nummerplaat	*noomer plaht*
petrol	de benzine	*benseeneh*
petrol station	de benzinestation	*benseeneh stashon*
road	de weg	*veCH*
skid	slippen	*slippeh*
spares	de reserveonder- delen	*reserveh-onder- deyleh*
speed	de snelheid	*snellheyt*
speed limit	de maximum snelheid	*maximum snellheyt*
speedometer	de snelheidsmeter	*snellheytssmeter*
steering wheel	het stuur	*stoor*

to tow (*away*)	wegslepen	*ve*CHsleypeh
traffic lights	de verkeerslichten	*ferkeerslic*HTeh
trailer	de aanhangwagen	*ahnhangvahc*Heh
tyre	de band	*bant*
van	de bestelwagen	*bestelvahc*Heh
wheel	het wiel	*veel*
windscreen	de voorruit	*foorowt*
windscreen wiper	de ruitewisser	*rowtehvisser*

SOME COMMON ROAD SIGNS

alleen toegang tot belendend perceel	entry to adjacent site only
eenrichtingsverkeer	one-way street
einde auto(snel)weg	end of motorway
fietspad	cycle path
geen doorgaande weg	no through road
geen maximum snelheid	no speed limit
gesloten voor alle verkeer	closed to all traffic
gevaarlijke bocht	dangerous curve
gevaarlijke wegkruising	dangerous junction
ijzel	black ice
inhalen verboden	overtaking prohibited
langzaam rijden	drive slowly
let op 'Niet Parkeren' borden	please observe the 'No Parking' Sign
maximum snelheid	top/maximum speed
niet parkeren	no parking
niet stoppen	no waiting
oneffen wegdek	uneven road surface
oversteekplaats voor fietsers	cycle track crossing
parkeerplaats, parkeerterrein	car park

$\longrightarrow$

slecht wegdek	bad road
spoorwegovergang	level crossing
steile helling	steep gradient
tegemoetkomend verkeer heeft voorrang	oncoming traffic has right of way
tweerichtingsverkeer	two-way traffic
uit	exit
vallend gesteente	falling rock
verboden in te halen	no overtaking
verboden te stoppen	no stopping
verkeersomleiding	diversion
voetgangersgebied	pedestrian precinct
voorzichtig! trambaan	caution! tramway
vorstschade	frost damage
wegkruising	junction
wegvernauwing	road narrows
werk in uitvoering	roadworks

I need some fuel
Ik heb benzine nodig
ick hep benseeneh no-diCH

I need some oil
Ik heb wat olie nodig
ick hep vatt olee no-diCH

Fill it up, please!
Volgooien, alstublieft!
follCHoyen, alstoobleeft

I'd like 10 litres of petrol
Tien liter benzine, alstublieft
teen leeter benseeneh, alstoobleeft

Would you check the tyres, please?
Wilt u de banden controleren, alstublieft?
vilt OO deh bandeh kontroleyreh, alstoobleeft

Where is the nearest garage?
Waar is de dichtstbijzijnde garage?
vahr iss deh diCHtsbeyzeynde CHarage

How do I get to …?
Hoe kom ik in …?
hoo komm ick in

Is this the road to …?
Is dit de weg naar …?
iss dit deh veCH nahr

Do you do repairs?
Voert u ook reparaties uit?
foort OO oke reparasies owt

Can you repair the clutch?
Kunt u de koppeling repareren?
kuhnt OO deh koppeling repareyreh

How long will it take?
Hoe lang gaat het duren?
hoo lang CHaht et dooreh

There is something wrong with the engine
Er is iets mis met de motor
er iss eets miss met deh motor

The engine is overheating
De motor raakt oververhit
deh motor rahkt oferferhitt

The brakes are binding
De remmen blijven hangen
deh rehmmeh bleyfeh hangeh

I need a new tyre
Ik heb een nieuwe band nodig
ick hep en neeweh bant no-diCH

I'd like to hire a car
Ik wil graag een auto huren
ick vill CHrahCH en owto hooreh

Can we hire a baby/child seat?
Kunnen we een kinderzitje huren?
kuhneh weh en kindehrsit-ye hooreh

Where can I park?
Waar kan ik parkeren?
vahr kan ick parkeyreh

Can I park here?
Kan ik hier parkeren?
kan ick here parkeyreh

DIRECTIONS YOU MAY BE GIVEN

eerste straat rechts	first on the right
ga naar links	turn left
ga naar rechts	turn right
ga voorbij de …	go past the …
links	left
rechtdoor	straight on
rechts	right
tweede straat links	second on the left

THINGS YOU'LL SEE OR HEAR

afslag	exit
auto(snel)weg	motorway
banddruk	tyre pressure
benzine	petrol, fuel
benzinepomp	petrol pump
benzinestation	fuel/petrol station
controleren	to check
file	tailback
kruipspoor	crawler lane
landweg	country road
luchtdruk	air pressure
olie	oil
oliepeil	oil level
omleiding	diversion
oneffen wegdek	uneven road surface
repareren	to repair
reservetank	spare tank
rijksweg	motorway
rondweg	bypass
ruitewisser	windscreen
super	4 star
verharde berm	hard shoulder
verkeersbericht	traffic report
verkeersopstopping	traffic jam
versnellen	to accelerate
voorruit	windscreen
wegkruising	motorway junction
zachte berm	soft verges

RAIL TRAVEL

The Dutch Railways (**Nederlandse Spoorwegen** or **NS** for short) are generally clean, punctual and efficient. International trains connect Holland with most parts of Europe and fast regular Inter-City and express trains link the main cities. Holland also has an extensive network of local train services connecting all but the smallest villages.

Unless you are making a single journey, it is worth enquiring about discount fares and tickets. These include the **dagkaart** or day ticket giving unrestricted travel within a zone during one day. There are special offers directed at most sections of the travelling public.

Train gradings are:

TEE	Trans European Express
IC	Inter-City
S (Sneltrein)	Stops more than the Inter-City but less than the Stoptrein
Stoptrein	Stopping train

A supplement (**toeslag**) is payable for all journeys by TEE.

USEFUL WORDS AND PHRASES

booking office	het loket	*lockett*
buffet	de restauratiewagen	*restoraseevahcheh*
carriage, car	het rijtuig	*reytowch*
compartment	de coupé	*koopey*
connection	de aansluiting	*ahnslowting*
currency exchange rate	de wisselkoers	*visselkoors*
dining car	de restauratiewagen	*restoraseevahcheh*
emergency cord	de noodrem	*nohtremm*
engine	de locomotief	*lokomoteef*
entrance	de ingang	*inchang*
exit	de uitgang	*owtchang*

first class	eerste klas	*eerstehklass*
to get in	instappen	*instappeh*
to get out	uitstappen	*owtstappeh*
guard	de conducteur	*konduktoor*
indicator board	het vertrekbord	*fertrekbord*
left luggage	het bagagedepot	*baCHage-depoh*
lost property	gevonden voorwerpen	*CHefondeh foorverpeh*
luggage locker	de bagagekluis	*baCHage klows*
luggage rack	het bagagerek	*baCHagereck*
luggage trolley	de bagagekar	*baCHagekar*
luggage van	de bagagewagen	*baCHagevahCHeh*
platform	het perron	*perron*
rail	de rail	*'rail'*
railway	de spoorweg	*spohrvecH*
reserved seat	de gereserveerde plaats	*CHereyserfeyrteh plahts*
restaurant car	de restauratiewagen	*restoraseevahCHeh*
return ticket	het retour(tje)	*reytoor(tyeh)*
second class	tweede klas	*tveydeh klass*
single ticket	een enkele reis	*enkeleh reys*
sleeping car	de slaapwagen	*slahpvahCHeh*
station	het station	*stashon*
station master	de stationschef	*stashonssheff*
ticket	het plaatsbewijs	*plahtsbeveys*
ticket collector	de conducteur	*kondukturr*
timetable	de dienstregeling	*deenstrecHeling*
tracks	de spoorlijnen	*spohrleyneh*
train	de trein	*treyn*
waiting room	de wachtkamer	*vachtkahmeh*
window	het raam	*rahm*

When does the train for … leave?
Hoe laat vertrekt de trein naar …?
hoo laht fertrekt deh treyn nahr

34

When does the train from … arrive?
Hoe laat komt de trein uit … aan?
hoo laht komt de treyn owt … ahn

When is the next/first/last train to …?
Hoe laat gaat de volgende/eerste/laatste trein naar …?
hoo laht CHat deh folCHendeh/eyrsteh/lahtsteh treyn nahr

What is the fare to …?
Hoeveel is het naar …?
hooveyl iss et nahr

Do I have to change?
Moet ik overstappen?
moot ick oferstappeh

Does the train stop at …?
Stopt de trein in …?
stopt deh treyn in

How long does it take to get from … to …?
Hoe lang duurt het van … naar …?
hoo lang doort et fan … nahr

A single/return ticket to …, please
Een enkele reis/retour naar … alstublieft
en enkeleh reys/reytoor nahr … alstoobleeft

Do I have to pay a supplement?
Moet ik een toeslag betalen?
moot ick en too-slaCH betahleh

Is there a family ticket available?
Heeft u een familie kaart?
heyft oo en familee kahrt

REPLIES YOU MAY BE GIVEN

De volgende trein gaat om …
The next train is at …

Er is alleen plaats in de eerste klas
There are only first-class seats

U moet in … overstappen
You have to change at …

U moet toeslag betalen
You must pay a supplement

De trein heeft vertraging
The train is late

Do we have to pay for the children?
Moeten we betalen voor de kinderen?
mowteh weh behtaleh foor deh kindehreh

I'd like to reserve a seat
Ik wil graag een zitplaats reserveren
ick vill CHrahCH en sitplahts reserfeyreh

When does my connection to … leave?
Hoe laat vertrekt mijn aansluiting naar …?
hoo laht fertrekt meyn ahnslowting nahr

Is this the right train for …?
Is dit de trein naar …?
iss dit deh treyn nahr

Is this the right platform for the … train?
Is dit het goede perron voor de trein naar …?
iss dit et CHoode perron foor deh treyn nahr

Which platform for the … train?
Welk perron voor de trein naar…?
velk perron foor deh treyn nahr

Is the train late?
Heeft de trein vertraging?
heyft deh treyn fertraCHing

Could you help me with my luggage, please?
Kunt u mij alstublieft met mijn bagage helpen?
kuhnt oo mey alstoobleeft met meyn bacHage helpeh

Is this a non-smoking compartment?
Is dit een niet-roken coupé?
iss dit en neet rokeh koopey

Is this seat free?
Is deze plaats vrij?
iss deyzeh plahts frey

This seat is taken
Deze plaats is bezet
deyzeh plahts iss bezet

I have reserved this seat
Ik heb deze plaats besproken
ick hep deyzeh plahts besprokeh

May I open/close the window?
Kan ik het raam openen/sluiten?
kan ick et rahm openeh/slowteh

When do we arrive in …?
Hoe laat komen we in … aan?
hoo laht komeh veh in … ahn

What station is this?
Welk station is dit?
velk stashon iss dit

Do we stop at …?
Stoppen we in …?
stoppeh veh in

Is there a restaurant car on this train?
Is er een restauratiewagen in deze trein?
iss er en restoraseevahCHeh in deyzeh treyn

THINGS YOU'LL SEE OR HEAR

aankomst	arrival
alleen op …	… days only
attentie	attention
automatiek	fast-food counter
bagagedepot	left luggage
bagagekluizen	luggage lockers
bezet	engaged
centraal station	central station
de trein staat gereed op …	the train is about to depart from …
deuren sluiten	close the doors
dienstregeling	timetable
expres	express
expres trein met toeslag	express train, with fare supplement
geen uitgang	no exit
gereserveerd	reserved

→

informatie	information
ingang	entry
instappen	to get in, to board
invalidevervoer	transport for invalids
kaartjes	tickets
kaartjesautomaat	ticket machine
misbruik wordt gestrafd	penalty for misuse
niet naar buiten leunen	do not lean out
niet-rokers	non-smokers
noodrem	emergency cord
op zon- en feestdagen	Sundays and holidays
perron	platform
plaatsbespreking	seat reservation
plaatsbewijzen	tickets
reis	journey
reisinformatie	travel information
restauratiewagen	restaurant car
rijtuig	carriage
route, traject	route
slaapwagon	sleeping car
spoorwegpolitie	railway police
stopt niet in …	does not stop in …
toeslag	(fare) supplement
toilet, WC	toilet
uitgang	exit
uitgezonderd op …	… days excepted
uitstappen	to get out
vakantie	holidays
verboden te roken	no smoking
vertraging	delay
vertrek	departure
volgorde van de rijtuigen	order of carriages
vrij	vacant
wachtkamer	waiting room
wisselkoers	currency exchange
zaterdagen	Saturdays

AIR TRAVEL

Air services connect Holland with all parts of the world. KLM (**Koninklijke Luchtvaart Maatschappij**, or Royal Dutch Airlines) and a number of British airlines provide flights between major cities in the UK and the following Dutch cities: Amsterdam, Rotterdam, Maastricht and Eindhoven. There is also a small domestic network operated by NLM, a subsidiary of KLM.

USEFUL WORDS AND PHRASES

aircraft	het vliegtuig	*fleeCHtowCH*
air hostess	de stewardess	*stewardess*
airline	de luchtvaartlijn	*looCHtfahrtleyn*
airport	de luchthaven	*looCHthafeh*
airport bus	de airportbus	*airportbus*
arrival	de aankomst	*ahnkomst*
baggage claim	de bagageband	*baCHage-bant*
boarding card	de instapkaart	*instapkahrt*
check-in	check-in	*'check-in'*
check-in desk	het check-in balie	*'check-in' balee*
delay	de vertraging	*fertrahcHing*
departure	het vertrek	*fertreck*
departure lounge	de vertrekhal	*fertreckhal*
emergency exit	de nooduitgang	*nohtowtcHang*
flight	de vlucht	*floocHt*
flight number	het vluchtnummer	*floocHtnummer*
gate	de uitgang	*owtcHang*
jet	het straalvliegtuig	*strahlfleecHtowCH*
to land	landen	*landeh*
passport	het paspoort	*paspohrt*
passport control	de paspoortcontrole	*paspohrtkontroleh*
pilot	de piloot	*peelote*
runway	de startbaan	*startbahn*
seat	de zitplaats	*sitplahts*

seat belt	de veiligheidsgordel	*veylicHheyds-* *cHordel*
steward	de steward	*stewart*
stewardess	de stewardess	*stewardess*
take off	opstijgen	*opsteycheh*
window	het raam	*rahm*
wing	de vleugel	*floocHel*

When is there a flight to …?
Wanneer gaat er een vlucht naar …?
vahneer cHaht er en floocHt nahr

What time does the flight to … leave?
Hoe laat vertrekt de vlucht naar …?
hoo laht fertrekt deh floocHt nahr

Is it a direct flight?
Is het een rechtstreekse vlucht?
iss et en recHtstreykseh floocHt

Do I have to change planes?
Moet ik overstappen?
moot ick oferstappeh

When do I have to check-in?
Wanneer moet ik in-checken?
vahneer moot ick in-chekeh

I'd like a single/return ticket to …
Ik wil graag een enkele vlucht/retourvlucht naar … alstublieft
ick vill cHrahcH en enkeleh floocHt/rehtoor floocHt nahr … alstoobleeft

I'd like a non-smoking seat, please
Ik wil graag een niet-rokers plaats, alstublieft
ick vill cHrahcH en neet-rokers plahts, alstoobleeft

I'd like a window seat, please
Ik wil graag een plaats bij het raam, alstublieft
ick vill CHrahCH en plahts bey et rahm, alstoobleeft

How long will the flight be delayed?
Hoe lang is de vlucht vertraagd?
hoo lang iss deh flooCHt fertrahCHt

Is this the right gate for the … flight?
Is dit de juiste uitgang voor de vlucht naar …?
iss dit deh yowsteh owtCHang foor deh flooCHt nahr

When do we arrive in …?
Hoe laat komen we in … aan?
hoo laht komen veh in … ahn

May I smoke now?
Mag ik nu roken?
maCH ick noo ro-keh

I do not feel very well
Ik voel me niet erg goed
ick fool mey neet erCH CHoot

THINGS YOU'LL SEE OR HEAR

aankomst	arrival
bagage-afhaalpunt	baggage claim
bagagecontrole	baggage check
balie	check-in desk
check-in, aanmeldingspunt	check-in
gezagvoerder	captain
handbagage	hand luggage
hoogte	altitude
in-checken	to check in
informatie, inlichtingen	information
landen	to land
lijnvlucht	scheduled flight
niet roken	no smoking
niet-rokers	non-smokers
noodlanding	emergency landing
nooduitgang	emergency exit
onthoudt u van roken	refrain from smoking
paspoortcontrole	passport control
passagiers	passengers
plaatselijke tijd	local time
rechtstreekse vlucht	direct flight
rokers	smokers
startklaar	ready for takeoff
trap	steps
tussenlanding	intermediate stop
uitgang	exit
veiligheidsgordels vastmaken	fasten seat belts
vertraging	delay
vertrek	departure
vertrekhal	gate
vlucht	flight
vluchtduur	flight time
vluchtsnelheid	flight speed

LOCAL TRANSPORT, BOAT TRAVEL

There are good bus and tram networks in all Dutch towns and cities. Single tickets can be bought from the driver, but it is usually cheaper to buy a multi-journey ticket from ticket machines or tobacconists. The ticket must be stamped when boarding the bus or tram and you may change bus or tram en route without having to buy a new ticket. Amsterdam and Rotterdam both have underground (Metro) networks.

Zone systems operate in major cities, a flat fare applying in each zone with the fare increasing according to the number of zones crossed. Tickets can be obtained from automatic ticket machines, usually situated at main stops. There are also a large number of rural bus services covering all but the smallest villages.

A more leisurely way of travelling in Holland, especially during the summer months, is by barge or boat. There are many companies offering trips lasting from forty-five minutes (round Amsterdam or Europoort) to a week or more on the Rhine.

USEFUL WORDS AND PHRASES

adult	de volwassene	*folvasseneh*
boat	de boot	*boht*
bus	de bus	*booss*
child	het kind	*kint*
coach	de touringcar	*tooringkahr*
conductor	de conducteur	*koncducktur*
connection	de aansluiting	*ahnslowting*
cruise	de cruise	*'cruise'*
downstream	stroomafwaarts	*strohmafvahrts*
driver	de bestuurder	*bestoorder*
fare	het tarief	*tahreef*
ferry	de veerboot	*feerboht*
lake	het meer	*meyr*
multi-journey ticket	de strippenkaart	*strippehkahrt*

network map	de routekaart	*rootehkahrt*
number 5 bus	lijn nummer vijf	*leyn noomeh feyf*
passenger	de passagier	*passagheer*
port	de haven	*hahfen*
quay	de kade	*kahdeh*
river	de rivier	*rihfeer*
sea	de zee	*zey*
ship	het schip	*sCHip*
station	het station	*stashon*
terminus	het eindstation	*eyndstashon*
ticket	het plaatsbewijs	*plahtsbeveyss*
tram	de tram	*trahm*
tram stop	de tramhalte	*trahmhahlte*
underground	de metro	*meytro*
upstream	stroomopwaarts	*strohmopvahrts*

Where is the nearest underground station?
Waar is het dichtstbijzijnde metro-station?
vahr iss et diCHtsbeyzeyndeh meytro-stashon

Where is the bus station?
Waar is het busstation?
vahr iss et booss-stashon

Where is there a bus stop/tram stop?
Waar is er een bushalte/tramhalte?
vahr iss er en booss-halteh/trahmhalteh

Which buses go to …?
Welke bussen gaan naar …?
velkeh boosseh CHahn nahr

How often do the buses/trams to … run?
Hoe vaak gaat er een bus/tram naar …?
hoo vahk CHaht er en booss/trahm nahr

Would you tell me when we get to …?
Kunt u het zeggen wanneer we in … aankomen?
kuhnt OO et zeggeh vaneer veh in … ahnkomeh

Do I have to get off yet?
Moet ik er hier uit?
moot ick er here owt

How do you get to … from here?
Hoe kom je van hier naar …?
hoo komm ye fan here nahr

Is it very far?
Is het erg ver?
iss et erCH fer

I want to go to …
Ik wil naar … toe
ick vill nahr … too

Do you go near …?
Komt u in de buurt van …?
komt OO in de boort fan

Where can I buy a ticket?
Waar kan ik een kaartje kopen?
vahr kan ick en kahrtyeh kopeh

Please close/open the window
Kunt u alstublieft het raam openen/sluiten
kuhnt OO alstoobleeft et rahm openeh/slowteh

Could you help me get a ticket?
Kunt u mij helpen een kaartje te kopen?
kuhnt OO mey helpeh en kahrtyeh teh kohpeh

When does the last bus leave?
Wanneer vertrekt de laatste bus?
vanneyr fertrekt deh lahtste booss

THINGS YOU'LL SEE OR HEAR

aankomst	arrival
abonnementskaart	season ticket
automaat	vending machine
bestuurder	driver
betalen	pay
bus/treinkaart	bus/train ticket
bushalte	stop
controleur	inspector
dagkaart	day ticket
eindstation	terminus
enkele reis	single journey
enkeltje	single
geen toegang	no entry
gehandicapten	disabled people
geld inwerpen	insert coins
geld terug	returned coins
gepast geld	exact fare
halte	stop
ingang	entry
ingang aan de voorkant/ achterkant	entry at front/rear
inwerpen	insert
kaartje, plaatsbewijs	ticket
kaartjesautomaat	ticket machine
maandkaart	monthly season ticket
metro	underground, tube, subway
metrostation	underground station
misbruik	misuse
munten	coins

$\longrightarrow$

47

niet roken	no smoking
noodrem	emergency brake
nooduitgang	emergency exit
overstappen	to change
plaatselijk spoornet	local railway system
retour	return (ticket)
rondvaart door de haven	boat trip round the harbour
spoorlijn	track
staanplaatsen	standing room
stempelautomaat	stamping (franking) machine
tonen	to show
uitgang	exit
vertrek	departure
volwassenen	adults
weekkaart	weekly ticket
zitplaatsen	seats

EATING OUT

There is a wide selection of good-quality restaurants in Holland, to suit all tastes and price brackets. The most common types are traditional Dutch, French, Italian, Chinese and Indonesian.

You can also eat in a cafeteria (but don't confuse this with the English variety!); it is a combined bar, café and restaurant with service provided at the counter or – for a little extra – at the table. There is usually a good variety of set menus at reasonable prices.

Another establishment whose name could be confusing to those used to the English interpretation is the café-bar or eetcafé. Like the cafeteria, it sells all kinds of food and drink, and is well worth trying if all you want is a quick snack. Full meals are often available.

USEFUL WORDS AND PHRASES

beer	het bier	*'beer'*
bill	de rekening	*r<u>ey</u>kening*
bottle	de fles	*fless*
bowl	de schaal	*sCH<u>a</u>hl*
cake	het gebak	*CHeb<u>a</u>k*
chef	de chef-kok	*sheff-kok*
coffee	de koffie	*k<u>o</u>ffee*
cup	het kopje	*k<u>o</u>p-ye*
fork	de vork	*'fork'*
glass	het glas	*CH<u>l</u>ass*
knife	het mes	*mess*
menu	het menu	*men<u>oo</u>*
milk	de melk	*melk*
plate	het bord	*bort*
recipe	het recept	*res<u>e</u>pt*
receipt	het bonnetje	*bonn<u>e</u>ht-ye*
sandwich	de boterham	*b<u>oh</u>terham*
serviette	het servet	*serf<u>e</u>tt*
snack	het hapje	*h<u>a</u>p-ye*

soup	de soep	'soup'
spoon	de lepel	*leypel*
sugar	de suiker	*sowker*
table	de tafel	*tahfell*
tea	de thee	*tey*
teaspoon	de theelepel	*teyleypel*
tip	de fooi	*fohy*
waiter	de kelner/ober	*kelner*
waitress	de serveerster	*serveyrsteh*
water	het water	*vahter*
wine	de wijn	*veyn*

A table for one/two, please
Een tafel voor een persoon voor/twee personen, alstublieft
en tahfell foor eyn persohn/tvey persohneh, alstoobleeft

Can we see the menu/wine list?
kunnen we de kaart/de wijnkaart krijgen?
kuhneh vey deh kahrt/deh veynkahrt kreyCHeh

Do you do children's portions?
Heeft u een kindermenu?
heyft oo en kindermenoo

What would you recommend?
Wat beveelt u aan?
vaht behfehlt oo ahn

I'd like …
Ik wil graag …
ick vill CHrahCH

Just a cup of coffee, please
Alleen een kopje koffie, alstublieft
alleyn en kop-ye koffee, alstoobleeft

Waiter!
Ober!
ober

Can we have the bill, please?
Kunnen we afrekenen, alstublieft?
kuhnen vey afreykeneh, alstoobleeft

I only want a snack
Ik wil alleen maar een hapje eten
ick vill alleyn mahr en hap-ye eyteh

Is there a set menu?
Hebt u een menu van de dag?
hept oo en menoo fan deh daCH

Do you have a vegetarian menu?
Heeft u een vegetarisch menu?
heyft oo en veCHetaris menoo

I'm allergic to nuts/shellfish
Ik ben allergisch voor noten/schaaldieren
ick ben alleCHees foor nohten s-chahldeereh

I didn't order this
Ik heb dit niet besteld
ick hep dit neet bestelt

May we have some more …?
Kunnen we nog wat … krijgen?
kuhneh vey noCH vatt … kreycheh

The meal was very good, thank you
De maaltijd was erg lekker, dank u
deh mahlteyt vass erCH lekker, dank oo

MENU GUIDE

aalbessen	currants
aardappelen	potatoes
aardappelpuree	mashed potatoes
aardbeien	strawberries
abrikozenjam	apricot jam
abrikozenvlaai	apricot flan
advocaat	advocaat, egg flip
amandelen	almonds
ananas	pineapple
andijvie	endive
ansjovissen	anchovies
appelcompote	stewed apples
appelflap	apple turnover
appelmoes	apple sauce
appelpannekoek	pancake with apple
appelsap	apple juice
appelstroop	kind of treacle made with apple
appelstrudel	apple strudel
appeltaart (met slagroom)	applecake (with whipped cream)
Ardennerham	Ardenne ham
artisjok	artichoke
asperges	asparagus
aubergine	aubergine
augurken	gherkins
azijn	vinegar
baars	bass
bak-en braadvet	cooking fat
balkenbrij	white pudding
bami goreng	Indonesian fried noodle dish with meats and vegetables
banaan	banana
banketletter	roll of puff pastry with almond paste filling
basilicum	basil
bearnaise saus	sauce hollandaise with tarragon or chervil
becel®	margarine made from unsaturated vegetable oils

bediening	service
belegen kaas	mature cheese
beschuit	type of rusk
bessenjenever	blackcurrant liqueur
biefstuk	beef steak
biefstuk van de haas	fillet steak
biefstuk van de lende	rump steak, sirloin
bier van het vat	draught beer
bieslook	chives
bieten	beetroot
bijgerecht	side dish
bitterballen	deep fried force-meat meatballs
blauw	rare
blinde vinken	rolled slice of veal stuffed with minced meat
bloedworst	black pudding
bloemkool	cauliflower
boerenjongens	brandy with raisins
boerenkaas	farmhouse cheese
boerenkool	Scotch kale
boerenkoolstamppot met rookworst	mashed potatoes and Scotch kale with smoked sausage
boerenmeisjes	apricots in brandy
boerenmetworst	coarse sausage
boerenomelet	omelette with ham and potatoes
bokking (gerookte)	red herring (smoked)
bokking (verse)	bloater
bonensla	bean salad
borrelnootjes	nuts eaten with drinks
bosbessen	bilberries
boterham met …	… sandwich
boterham met kaas	cheese sandwich
boterhamworst	sliced sausage to put on bread
boterletter	roll of puff pastry with almond paste filling
bouillon	consommé
braadschotel	casserole
brandewijn	brandy
brood	bread
broodje	roll
broodje kaas	cheese roll

bruine bonen	dried brown beans
bruine bonensoep	brown bean soup
bruine suiker	brown sugar
casselerrib	pickled smoked rib of pork
cassis	blackcurrant cordial
champignon	mushroom
champignonsoep	mushroom soup
Chinese kool	Chinese cabbage
chips	crisps
chocolade vlokken	chocolate flakes
chocoladepasta	chocolate spread
chocoladevla	chocolate custard
chocomel	tinned or bottled chocolate drink
citroen	lemon
citroenthee	lemon tea
compote	stewed fruit
croquetje, kroket	croquette
dame blanche	ice cream with chocolate sauce
doorbakken, doorbraden	well done
doperwten	garden peas
droog	dry
druiven (blauwe)	grapes (black)
druiven (witte)	grapes (white)
Duitse biefstuk	minced beef and onion steaks served on onion rings
Edammer	Edam cheese
eieren	eggs
eierkoeken	flat round sponge cakes
erwtensoep (met spek/worst)	pea soup (with bacon/sausage)
fazant	pheasant
fijngehakt	finely minced
forel	trout
frambozen	raspberries
frikandel	rissole
garnalencocktail	prawn cocktail
gebakje	small cake
gebakken	fried
gebakken aardappelen	fried potatoes
gebakken ei met spek	fried egg with bacon
gebakken kip	fried chicken
gebakken mosselen	fried mussels

gebakken paling	fried eel
gebakken spierling	fried smelt
gebonden	thickened
gebonden soep	thickened soup
gebraden	roast
gebraden eend	roast duck
gebraden fazant	roast pheasant
gebraden gehakt	roast meatloaf
gebraden konijn	roast rabbit
gedistilleerde dranken	spirits
gehakt	mince
gehaktbal	minced beef and pork rissole
gekookt	boiled
gekookte kip	boiled chicken
gekookte mosselen	boiled mussels
gekruid	seasoned with herbs or spices
gemarineerd	marinated
gemarineerd rundvlees	marinated beef
gember (poeder)	ginger (ground)
gemberkoek	gingerbread
gepocheerde eieren	poached eggs
gerecht	dish, course
gerookt	smoked
gerookte paling	smoked eel
gerookte zalm	smoked salmon
geroosterd	grilled
geroosterd brood	toast
gestampte muisjes	powdered aniseed eaten on bread
gestoofd	stewed
gestoofd konijn	stewed rabbit
gestoofde paling	stewed eel
gevulde koek	pastry with almond filling
gewelde boter	melted butter beaten with water
Goudse kaas	Gouda cheese
groene haring	lightly salted herring, first of the season
groene/rode paprika	green/red pepper
groenten	vegetables
groentesoep	vegetable soup
gulasch, goulash	goulash
haas	hare

hachée finely	chopped meat
hagelslag	hundreds and thousands
halfvolle melk	skimmed milk
halfvolle yoghurt	skimmed-milk yoghurt
halvarine	half butter and half margarine
ham	ham (smoked or salted)
hamlappen	belly of pork
haring	herring
haring met uitjes	herring with chopped onions
havermoutpap	porridge made with oats and milk
heilbot	halibut
hertevlees	venison
hete bliksem	potatoes and apples mashed together
hollandse biefstuk	thick slice of frying steak
hom	soft roe
honing	honey
honingkoek	type of gingerbread
hutspot (met klapstuk)	mashed potatoes with carrots, onions and breast or rib of beef
huzarensalade	potato salad with beetroot, gherkin, salmon, sardines etc
ijs	ice cream
jachtschotel	shepherd's pie
janhagel	kind of biscuit
jenever	Dutch gin
jeneverbessen	juniper berries
jonge kaas	new cheese
jonge klare	young Dutch gin
kaas	cheese
kaassoesjes	cheese puff
kabeljauw	cod
kadetje	soft roll
kalfslever	calf's liver
kalfsniertjes	calf's kidneys
kalfsoester	escalope of veal
kalfsschnitzel	veal schnitzel
kalfstong	calf's tongue
kalfsvlees	veal
kalkoen	turkey
karbonade	chop
karnemelk	buttermilk

karper	carp
kasserole	casserole
kastanjes	chestnuts
kerriesoep	curry soup
kersen	cherries
kersenvlaai	cherry flan
kervilsoep	chervil soup
kikkerbilletjes	frogs' legs
kip met kerriesaus en rijst	chicken with curry sauce and rice
kippesoep	chicken soup
knäckebrod	crispbread
knakworst	frankfurter
knoflook	garlic
koekjes	biscuits
koffie	coffee
koffieroom, koffiemelk	creamy milk for coffee
koffietafel	cold buffet lunch (usually bread, cold meats and cheese)
kogelbiefstuk	thick end of rump
komijnekaas	cheese with cumin seeds
komkommer	cucumber
koninginnesoep	cream of chicken soup
kool	cabbage
koolraap	swede
korenwijn	high-quality, well-aged, mature gin
korst	crust
kotelet	cutlet
kreeft	lobster
kreeftesoep	lobster soup
krenten	currants
krentenbrood	currant loaf
kroepoek	prawn crackers
kropsla	cabbage lettuce
kruiden	herbs
kruidenboter herb	butter
kruisbessen	gooseberries
kuit	hard roe
kwark	soft white cheese
kwarktaart	cheesecake
kwast	lemon squash
lamskotelet	lamb cutlet, lamb chop

lamsragout	lamb stew
landwijn	simple wine, vin ordinaire
laurierblad	bayleaf
Leidse kaas	Leiden cheese (with cumin seeds)
lekkerbekjes	deep-fried whiting fillets in batter
leverworst	liver sausage
Limburgse vlaai	open fruit flan
limonade	lemonade
linzen	lentils
loempia	spring roll (Indonesian)
madera saus	brown sauce with Madeira
mager vlees	lean meat
magere kaas	skimmed-milk cheese
magere kwark	skimmed-milk soft cheese
magere melk	skimmed milk
magere yoghurt	skimmed-milk yoghurt
makreel	mackerel
marsepein	marzipan
melk	milk
mierik	horseradish
moesappelen	cooking apples
mosselen	mussels
mosselensoep	mussel soup
mosterd	mustard
munt	mint
nagerecht	dessert
nasi goreng	Indonesian fried rice dish with meats and vegetables
natriumarme kaas	low-salt cheese
nieren	kidneys
nieuwe haring	salted herring
nootmuskaat	nutmeg
oesters	oysters
oliebol	doughnut
olijfolie	olive oil
olijven (groene)	olives (green)
olijven (zwarte)	olives (black)
omelet met champignons	mushroom omelette
omelet met ham	ham omelette
omelet met kaas	cheese omelette
ontbijtkoek	type of gingerbread

ontbijtspek	(lean, smoked) bacon
ossestaart	oxtail
ossestaartsoep	oxtail soup
oude kaas	mature cheese
oude klare	matured Dutch gin
paarderookvlees	smoked horsemeat
paling	eel
palingworst	type of sausage
paneermeel	breadcrumbs
pannekoek	pancake
pannekoek met jam	pancake with jam
pannekoek met stroop	pancake with syrup
pannekoek met suiker	pancake with sugar
paprijst	rice for milk puddings (short-grained rice)
pastei	vol-au-vent
pasteitje	small vol-au-vent
patates frites	chips
patrijs	partridge
peper	pepper
pepersaus	brown sauce with ground peppercorns
perenmoes	puréed pears
perziken	peaches
peterselie	parsley
piccalilly	pickles
pikant	piquant
pils	type of lager
pindakaas	peanut butter
plantaardige olie	vegetable oil
pocheren	to poach
poffertjes	tiny pancakes dusted with icing sugar and eaten with butter
pommes frites	French fries
pompelmoes	grapefruit
pompelmoessap	grapefruit juice
pompoen	pumpkin
port	port
prei	leek
preisoep	leek soup
pruimedant	type of prune
pruimen	plums

pruimenjam	plum jam
rabarber	rhubarb
radijs	radish
ree/reebok	roe/roebuck
reebout	leg of venison
regenboogforel	rainbow trout
rijst	rice
rijstebrij	rice pudding
rijstevlaai	rice tart
rivierkreeft	crayfish
riviervis	fresh water fish
rode kersenjam	red cherry jam
rode kool	red cabbage
rode wijn	red wine
roerei	scrambled eggs
roggebrood	ryebread
rolmops	rollmops, marinated herring
rookvlees	smoked beef or horsemeat sliced very thin – to put on bread
rookworst	smoked sausage
room	cream
roomboter	dairy butter
roomijs	ice cream
roomijstaart	ice cream gateau
rosbief	roast beef
rozijnen	currants
rug van de haas	saddle of hare
runderlap	stewing steak
rundervlees	beef
Russisch ei	egg salad
sambal	very hot chilli chutney (Indonesian)
sardientjes (in het blik)	sardines (tinned)
saté	Indonesian kebab
saucijzenbroodje	sausage roll
saus	sauce
savooiekool	savoy cabbage
scharreleieren	free-range eggs
schartong	lemon sole
schelvis	haddock
schildpadsoep	turtle soup
schnitzel	veal cutlet

schol	plaice
schorseneren	salsify
schuimpje	meringue
sec	dry
selderij	celery
sinaasappel	orange
sinaasappelsap	orange juice
slaatje	salad
slagroom	whipped cream
slagroomtaart	whipped cream gateau
slakken	snails
slaolie	salad oil
slasaus	salad cream
slavinken	minced pork rolled in bacon
smeerkaas	cheese spread
snijbonen	string beans
snoekbaars	perch
soep Lady Curzon	turtle soup with cream and pinch of curry powder
soep van de dag	soup of the day
spa water	mineral water
specerijen	spices
speculaas	spiced biscuit
spek	bacon, usually rather fatty
spekpannekoek	pancake with bacon
sperziebonen	French beans
spiegelei	fried egg
spiering	smelt
spijskaart	menu
spinazie	spinach
spirituosa	spirits
spruiten, spruitjes	Brussels sprouts
stokbrood	French loaf
stokvis	stockfish
stoofperen	stewing pears
stroopwafel	waffle-type biscuit with syrup filling
suikerklontjes	sugar lumps
sukade	candied peel
taart	cake
tarwebrood	wheaten bread
tomatensoep (met gehaktballetjes)	tomato soup (with small meatballs)

tong	sole
tongrolletjes	rolled fillets of sole
tonijn	tuna
tosti/toastie	toasted sandwich
tuinbonen	broad beans
uien	onions
uiensoep	onion soup
uitgebreide koffietafel	buffet lunch with soup and dessert
uitsmijter	slice of bread topped with a slice of cheese and fried egg
vanillevla	custard sauce
varkensbiefstuk	pork fillet
varkensfricandeau	pork fricandeau
varkenshaas	pork fillet
varkensoester	pork escalope
varkenspoot	leg of pork
varkensrib pickled	smoked rib of pork
varkensrollade	rib, tailend (rolled)
varkensvlees	pork
venkel	fennel
vermout	vermouth
verse haring	fresh herring
verse oesters	fresh oysters
verse worst	sausage
vet	fat
vis	fish
vissoep	fish soup
vleet	skate
vlierbessen	elderberries
volkorenbrood	wholemeal bread
voorgerecht	starter
voorn	roach
vruchten	fruit
vruchtensap	fruit juice
vruchtensla	fruit salad
wafel	waffle, wafer
walnoot	walnut
warme chocolademelk	hot chocolate milk
waterkers	watercress
wijn	wine
wijting	whiting

witte bonen	dried white beans
wittebrood	white bread
wittekool	white cabbage
witte wijn	white wine
wortel	carrot
zalm	salmon
zalmslaatje	salmon salad
zeelt	tench
zeepaling	sea-eel
zeetong	Dover sole
zilveruitjes	pickled silverskin onions
zoet	sweet
zoetwatervis	fresh-water fish
zoet-zuur	sweet-sour
zout	salt
zoute haring	salted herring
zoutjes	salty/savoury meatballs
zult	brawn
zure haring	pickled herring
zuurkool met spek (worst)	sauerkraut with bacon (with sausage)
zwarte bessen	blackcurrants
zwarte bessenjam	blackcurrant jam
zwarte kersenjam	black cherry jam
zwezerik	sweetbread

SHOPPING

Shops in Holland are generally open from 9 am to 6 pm, Monday to Saturday. Most supermarkets stay open until 8 pm, or even 10 pm in the centre of large towns. Each town or district will have a half day, varying from locality to locality although, as in the UK, not all shops observe it. Thursdays or Fridays are late shopping days, with many shops open until 9 pm. There is also widespread Sunday opening.

Newspapers are sold by tobacconists, **tabak**, or **sigaarhandel**, or by magazine and book shops **boek en tijdschrifthandel**. Outside Amsterdam, international newspapers are normally only available at airports and main railway stations.

USEFUL WORDS AND PHRASES

audio equipment	de audio-apparatuur	_owdio-apparatoor_
baker	de bakker	_bakker_
bookshop	de boekwinkel	_bookvinkel_
butcher	de slager,	_slahCHer,_
	de fleischer	_fleysher_
to buy	kopen	_kopeh_
cheap	goedkoop	_CHoodkope_
chemist	de drogist	_droCHist_
department	het warenhuis	_vahrehhouse_
store		
fashion	het mode	_mo-deh_
fishmonger	de visverkoper	_fissferkoper_
florist	de bloemist	_bloomist_
grocer	de kruidenier	_krowdeneer_
ironmonger	de ijzerwinkel	_eyzervinkel_
menswear	herenkleding	_heyrehkleyding_
newsagent	de boek-en	_book-en-_
	tijdschriftenwinkel	_teydsCHriftehvinkel_
off-licence	de slijterij	_sleyterey_
pharmacy	de apotheek	_apotake_

receipt	de kassabon	*kassabon*
record shop	de platenwinkel	*plahtehvinkel*
sale	de uitverkoop	*owtferkope*
shoe shop	de schoenenwinkel	*sCHoonehvinkel*
shop	de winkel	*vinkel*
to go shopping	gaan winkelen	*CHahn vinkeleh*
souvenir shop	de souvenirswinkel	*soofeneersvinkel*
special offer	de speciale	*speshahl*
	aanbieding	*ahnbeeding*
to spend	uitgeven	*owtCHeyveh*
stationer	de kantoorboekhandel	*kantohrbookhandel*
supermarket	de supermarkt	*soopermarkt*
tailor	de kleermaker	*kleyrmahker*
take away	meenemen	*meyneymeh*
till	de kassa	*kassah*
toy shop	de speelgoedwinkel	*speylCHoodvinkel*
travel agent	het reisbureau	*reysbureau*
women's wear	dameskleding	*dahmeskleyding*

I'd like …
Ik zou graag …
ick zou CHrahCH

Do you have …?
Hebt u …?
hept OO

How much is this?
Hoeveel kost dit?
hooveyl kost dit

Do you have any more of these?
Hebt u er hier nog meer van?
hept OO er here noCH meyr fan

REPLIES YOU MAY BE GIVEN

Kan ik u helpen?
Can I help you?

Wilt u het aanpassen?
Would you like to try it on?

Dat hebben we helaas niet meer in vooraad
I'm sorry, we're out of stock

We kunnen u geen geld teruggeven
We cannot give cash refunds

Ik kan u een tegoedbon geven
I can give you a credit note

Dat is alles wat we hebben
That is all we have

Hebt u het niet kleiner?
Have you got anything smaller? (a smaller banknote)

Ik ben bang dat ik geen wisselgeld heb
Sorry, I've no change for that note

Have you anything cheaper?
Hebt u iets goedkopers?
hept OO eets CHoodkopers

Have you anything larger?
Hebt u iets groters?
hept OO eets CHroters

Have you anything smaller?
Hebt u iets kleiners?
hept oo eets kleyners

Does it come in other colours?
Hebt u het in andere kleuren?
hept oo et in andereh klooreh

Can I try it/them on?
Kan ik het/ze passen?
kan ick et/zeh passeh

Where do I pay?
Waar moet ik afrekenen?
vahr moot ick afreykeneh

Can I have a refund?
Kan ik mijn geld terugkrijgen?
kan ick meyn cheld terruch-kreycheh

Can I have a receipt?
Hebt u een kassabon voor me?
hept oo en kassabon foor meh

Where is the ...-department?
Waar is de ...-afdeling?
vahr iss deh ...-afdeyling

Could you wrap it for me?
Kunt u het voor mij inpakken?
kuhnt oo et foor mey inpakkeh

Can I have a bag, please?
Hebt u een tas voor me, alstublieft?
hept oo en tass foor mey, alstoobleeft

I'm just looking
Ik kijk alleen wat rond
ick keyk alleyn vatt rond

I'll come back later
Ik kom straks terug
ick kom straks terruCH

THINGS YOU'LL SEE OR HEAR

aanbetaling	deposit
aankoop	purchase
afdeling	department
artikelen	goods
artikelen worden niet geruild zonder kassabon	goods are not exchanged without a receipt
banketbakkerij	cake shop
boekwinkel	bookshop
bont	furs
bovenste verdieping	upper floor
cafetaria	snackbar
dameskleding	women's clothes
dozijn	dozen
goedkoop	inexpensive
hoge kwaliteit	high quality
kantoorartikelen	office supplies
kilogram	kilogram
koffie	coffee
kranten	newspapers
kwaliteit	quality
levensmiddelen	groceries
maandelijkse termijnen	monthly instalments
mode	fashion
pond	pound
prijs	price

---

reisbureau	travel agent
schoenen	shoes
slager	butcher
slagerij	butcher's shop
speciale aanbieding	special offer
speciale prijs	special price
speelgoed	toys
sterke drank	spirits
suikergoed	confectionery
supermarkt	supermarket
tabakswaren	tobacconist
tapijten	carpets
termijnen	instalments
thee	tea
tijdschriften	magazines
uitverkocht	sold out
uitverkoop	sale
verhuur	rental
warenhuis	department store
winteruitverkoop	winter sale
zelfbediening	self-service
zomeruitverkoop	summer sale

AT THE HAIRDRESSER

Dutch hairdressers are similar to those found in most European countries. It is advisable to make an appointment (**afspraak**) for both men and women to avoid being kept waiting.

USEFUL WORDS AND PHRASES

appointment	de afspraak	_afsprahk_
beard	de baard	_bahrt_
bleach	blonderen	_blondeyreh_
blond	blond	_blont_
brush	borstelen	_borstelleh_
comb	de kam	_kam_
conditioner	de haarversteviger	_hahrfersteyvicher_
curlers	de haarkrullers	_hahrkrullers_
curling tongs	de krultang	_krulltang_
curly	krullend	_krullent_
dark	donker	_donker_
fringe	de pony	_pony_
gel	de gel	_'gel'_
hair	het haar	_hahr_
haircut	het kapsel	_kapsel_
hairdresser	de kapper	_kapper_
(female)	de kapster	_kapster_
hairdryer	de haardroger	_hahrdrohcher_
(type with hood)	de haardroogkap	_hahrdrohchkap_
highlights	coupe soleil	_koop soley_
long	lang	_lang_
moustache	de snor	_snor_
parting	de scheiding	_scheyding_
perm	het permanent	_permanent_
shampoo	de shampoo	_shampoo_
shave	scheren	_scheyreh_
shaving foam	het scheerschuim	_scheyrschowm_
short	kort	_kort_

styling mousse	de styling mousse	*'styling mousse'*
tint	verven	*ve̲rveh*
wavy	golvend	*CHo̲lvent*

I'd like to make an appointment
Ik wil graag een afspraak maken
ick vill CHrahCH en a̲fsprahk ma̲keh

Just a trim, please
Alleen bijknippen alstublieft
alle̲yn bey-k-ni̲ppeh alstooble̲eft

Not too much off, please
Haal er niet teveel af, alstublieft
hahl er neet tehfe̲yl aff, alstooble̲eft

A bit more off here, please
Kunt u er hier wat meer afhalen?
kuhnt oo er here vatt mehr a̲ffhahleh

I'd like a cut and blow-dry
Knippen en fohnen, alstublieft
k-ni̲ppeh en fohneh, alstooble̲eft

I'd like a perm
Ik wil graag een permanent
ick vill CHrahCH en permane̲nt

I'd like highlights
Ik wil graag een coupe soleil
ick vill CHrahCH en koop sole̲y

THINGS YOU'LL SEE OR HEAR

aan de voorkant	at the front
achter	at the back
achterin de nek	back of the neck
baard	beard
dameskapsalon	women's salon
droog	dry
fohnen	blow-dry
haarstudio	hairdressing studio
herenkapsalon	men's hairdresser
kapper	hairdresser
kapsalon	hair dressing salon
kapster	hairdresser (female)
knippen	cut
kort	short
kort afgeknipped	short back and sides
korter	shorter
krullen	curls
lang	long
permanent	perm
pony	fringe
scheermes	razor blade
scheerzeep	shaving foam
scheiding	parting
scheren	shave
verven	tint
wassen	wash
wassen en watergolven	wash and set
watergolven	set
zijkant	side

SPORT

Wherever you are in Holland, you will find no lack of sporting facilities. The many canals, lakes and rivers, as well as the North Sea coast, provide excellent opportunities for swimming, sailing, canoeing, fishing, sailboarding etc, while an extensive network of well-marked footpaths makes Holland an ideal country for walking. Cycling too is popular and cycles can be hired almost everywhere, including at many railway stations. There are many excellent tennis centres, while squash, volleyball and badminton are catered for in most places.

Holland is known throughout the world as a centre for ice-skating. Most of the larger towns have an ice-rink, often open the whole year round, while in winter every frozen canal or lake provides the opportunity to skate for pleasure, organise a speed skating contest, or in very cold winters, even an **Elfstedentocht**. This is literally a 'tour of eleven towns' on ice, rather like a skating marathon, and attracts thousands of competitors and spectators in the years that it is held.

USEFUL WORDS AND PHRASES

athletics	athletiek	*athleteek*
badminton	badminton	*batminton*
ball	de bal	*bal*
beach	het strand	*strant*
bicycle	de fiets	*feets*
canoe	de kano	*kanoo*
deck chair	de dekstoel	*deckstool*
to dive	duiken	*dowkeh*
diving board	de duikplank	*dowkplank*
fishing	vissen	*fisseh*
fishing rod	de vishengel	*fiss-hengel*
football	de voetbal(n)	*footbal*
football match	de voetbalwedstrijd	*footbalvetstreyd*
golf	golf	*CHolf*
golf course	de golfbaan	*CHolfbahn*

gymnastics	turnen	*turneh*
ice-hockey	ijshockey	*eys-hockey*
ice rink	de kunstijsbaan	*kunsteysbahn*
jogging	joggen	*'jogging'*
lake	het meer	*meer*
racket	het racket	*'racket'*
riding	paardrijden	*pahrdreydeh*
rowing boat	de roeiboot	*roheyboht*
to run	rennen	*renneh*
sailboard	de windsurfplank	*vintsurfplank*
sailing	zeilen	*zeyleh*
sand	het zand	*zant*
sea	de zee	*see*
to skate	schaatsen	*sCHahtseh*
skates	de schaatsen	*sCHahtseh*
sledge	de slede	*slehdeh*
snorkel	de snorkel	*shnorkel*
snow	de sneeuw	*sneyoo*
stadium	het stadion	*stadion*
to swim	zwemmen	*zvemmeh*
swimming pool	het zwembad	*zvembat*
tennis	tennis	*tennis*
tennis court	de tennisbaan	*tennisbahn*
tennis racket	het tennisracket	*'tennis racket'*
tent	de tent	*'tent'*
volleyball	volleybal	*folleybal*
walking	wandelen	*vandeleh*
water-skis	waterskien	*vahterskieh*
wave	de golf	*CHolf*
winter sports	de wintersport	*vintersport*
yacht	het jacht	*yaCHt*

How do I get to the beach?
Hoe kom ik bij het strand?
hoo kom ick bey et strant

How deep is the water here?
Hoe diep is het water hier?
hoo deep iss et vahter here

Is there an indoor/outdoor pool here?
Is er hier een binnenbad/buitenbad?
iss er here en binnehbat/bowtehbat

Is it safe to swim here?
Is het veilig om hier te zwemmen?
iss et feyliCH om here teh zvemmeh

Can I fish here?
Mag ik hier vissen?
maCH ick here fisseh

Do I need a licence?
Heb ik een vergunning nodig?
heb ick en ferCHunning nodiCH

I would like to hire a bike
Ik wil graag een fiets huren
ick vill CHrahCH en feets hooreh

How much does it cost per hour/day?
Hoeveel kost het per uur/dag?
hooveyl kost et per oor/dacH

Is camping allowed here?
Is kamperen hier toegestaan?
iss kampereh here tooCHestahn

Where can I hire …?
Waar kan ik … huren?
vahr kan ick … hooreh

THINGS YOU'LL SEE OR HEAR

binnenbad	indoor swimming pool
bootverhuur	boat hire
buitenbad	open-air swimming pool
dooi	thaw
duiken	to dive, diving
EHBO	first aid
fietser	cyclist
fietspad	cycle path
fietsverhuur	bicycle hire
gevaar	danger
gevaarlijke stroming	dangerous current
ijsbaan	ice rink
natuurreservaat	nature reserve
niet op het ijs komen	keep off the ice
recreatiegebied	recreational area
roeien	to row, rowing
ruiterpad	bridle path
sneeuwbank	snowdrift
sneeuwstorm	blizzard
sneeuwval	snowfall
verboden te vissen	no fishing
voetgangers	pedestrians
wandelen	to walk, walking
windsurfen	windsurfing
zeilen	to sail, sailing
zwembad	swimming pool

POST OFFICES

Post offices are generally open from 9 am until 5 pm Monday to Friday, 9 am to 12 midday on Saturdays. Different sections of the counter handle different types of business, making it necessary to identify the right section in advance for the business you wish to transact. There is usually at least one person with a knowledge of English in most post offices and therefore few difficulties should be encountered with transactions. Letter boxes in Holland are red.

USEFUL WORDS AND PHRASES

airmail	de luchtpost	*loocHtpost*
collection	de lichting	*lichting*
counter	het loket	*loket*
customs form	het douaneformulier	*dooahnformuleer*
delivery	de bestelling	*bestelling*
deposit	de storting	*storting*
form	het formulier	*formooleer*
letter	de brief	*breef*
letter box	de brievenbus	*breevehbus*
mail	de post	*posst*
main post office	het hoofdpostkantoor	*hohftposstkantohr*
money order	de postwissel	*posstvissel*
package	het pak	*pahk*
parcel	het pakket	*pahkett*
post	de post	*posst*
postage rates	de posttarieven	*possttareefeh*
postal order	het postbewijs	*posstbehveys*
postcard	de briefkaart	*breefkahrt*
postcode	de postcode	*posstcode*
poste restante	poste-restante	*posst restant*
postman	de postbode	*posstbode*
post office	het postkantoor	*posstkantohr*
registered letter	een aangetekende brief	*ahncheteykendeh breef*

savings	het spaargeld	*spahrCHelt*
stamp	de postzegel	*posstzeyCHel*
telephone	de telefoon	*telephone*
telephone box	de telefooncel	*telephonecell*
withdrawal	de geldopname	*CHeltopnahmeh*

How much is a letter to …?
Hoeveel moet er op een brief naar …?
hooveyl moot er op en breef nahr

What stamps do I need for a postcard to …?
Hoeveel moet er op een briefkaart naar …?
hooveyl moot er op en breefkahrt nahr

I would like three 70 cent stamps
Drie postzegels van 70 cent, alstublieft
dree posstzeyCHels fan zeyventiCH cent, alstoobleeft

I want to register this letter
Ik wil deze brief aangetekend sturen
ick vill deyze breef ahnCHteykent stooreh

I want to send this parcel to …
Ik wil dit pakket naar … sturen
ick vill dit pahkett nahr … stooreh

How long does the post to … take?
Hoe lang doet de post erover naar …?
hoo lang doot de posst erover nahr

Where can I post this?
Waar kan ik dit posten?
vahr kan ick dit possteh

I want to make an international call
Ik wil naar het buitenland bellen
ick vill nahr et bowtenlant belleh

Is there any mail for me?
Is er post voor mij?
iss er posst foor mey

Can I send a fax from here?
Kan ik hiervandaan een fax sturen?
kan ich heervandahn en fax stooreh

This is to go airmail
Dit moet per luchtpost
dit moot per loocHtposst

THINGS YOU'LL SEE OR HEAR

aangetekende post	registered mail
adres	address
afzender	sender
beambte	official
binnenlands tarief	inland postage rate
brief	letter
briefkaart	postcard
geadresseerde	addressee
geopend	open
gesloten	closed
huisnummer	number (house)
invullen	to fill in
loket	counter
loket voor pakketafgifte	parcels counter
luchtpost, priority	air mail
openingstijden	opening hours
pakket	parcel
pakket, pak	packet, package
postkantoor	post office
postwissel	money order
postzegel	stamp
postzegels in kleine hoeveelheden	stamps in small quantities
rechtstreeks bellen	direct dialling
stortingen	deposits
straat	street
tarieven buitenland	overseas postage rates
telefoon	telephone
telefooncel	telephone box
telegrammen	telegrams
volgende lichting	next collection
woonplaats	domicile

COMMUNICATIONS

Telephones: In Holland, telephone boxes in railway stations are from Telfort; elsewhere, they are from either Telfort or PTT (painted green). Most take phonecards only, which can be bought at stations, kiosks, **tabak**, **sigaarhandelen**, post offices etc, and come in values of 10, 25 or 50 Guilders. Separate cards are required for PTT and Telfort phones. Coin phones are available in some public buildings, hotels, bars and restaurants and take 25ct, 1 Guilder and 2.5 Guilders.

Telephone numbers are read out in pairs of numbers, ie 302106 is said "**dertig, een en twintig, nul zes.**" (thirty, twenty one, zero six). Many call boxes will have instructions on how to use the phone in English, and will carry a list of emergency numbers (which vary from area to area).

The code for the UK from Holland is 0044; remember the tones you hear differ slightly from those heard on British phones:

Dialling tone:	same as in UK
Ringing tone:	repeated long tone
Engaged tone:	rapid pips; in addition, on busy multi-line switchboards such as directory enquiries or rail enquiries, you will hear a recorded voice saying "**er zijn vier/drie/twee wachtenden voor u**" (there are four/three/ two callers waiting before you)
Unobtainable:	continuous tone

USEFUL WORDS AND PHRASES

call	het telefoongesprek	*telephoneCHespreck*
to call	bellen	*belleh*
code	het netnummer	*netnummer*
to dial	draaien	*dryeh*
dialling tone	de kiestoon	*keestone*
email address	het email adres	*email ahdres*
emergency	spoedgeval	*spootCHefal*

engaged	bezet	*besett*
enquiries	inlichtingen	*inliCHtingeh*
extension	het toestel	*toostell*
fax machine	de fax machine	*fax mahsjeneh*
international call	het internationaal telefoongesprek	*internashonahl telephoneCHespreck*
mobile phone	de mobiele telefoon	*mobeyleh telephone*
number	het nummer	*noomer*
operator	de telefoniste	*telefone-ist*
payphone	de telefooncel	*telephonecell*
push-button phone	de druktoetstelefoon	*drooktootstelephone*
receiver	de hoorn	*hohrn*
reverse charge call	het collect call gesprek	*'collect call' CHespreyk*
ringing tone	de oproeptoon	*oprooptone*
telephone	de telefoon	*telephone*
Web site	de Web site	*'web site'*
wrong number	verkeerd nummer	*ferkeyrt noomer*

Where is the nearest phone box?
Waar is de dichtstbijzijnde telefooncel?
vahr iss dey diCHtsbeyzeyndeh telephonecell

Is there a telephone directory?
Is er een telefoonboek?
iss er en telephonebook

I would like the directory for …
Ik zou graag het telefoonboek voor … willen hebben
ick zow CHrahCH et telephonebook foor … villeh hebbeh

How do I get an outside line?
Hoe kan ik naar buiten bellen?
hoo kan ick nahr beyteh belleh

How much is a call to ...?
Hoeveel kost een gesprek naar ...?
hoove̱yl kost en CHespre̱ck nahr

I would like to reverse the charges
Ik wil graag een collect call gresprek voeren
ick vill CHrahCH en 'collect call' CHespreyk fo̱oreh

I would like a number in ...
Ik wil graag een nummer hebben van ...
ick vill CHrahCH en no̱omeh he̱bbeh fan

Hello, this is ... speaking
Hallo, u spreekt met ...
ha̱llo, oo spreykt met

Is that ...?
Is dat ...?
iss dat

Speaking
Daar spreekt u mee
dahr spre̱ykt oo mey

I would like to speak to ...
Kan ik ... spreken?
kan ick ... spre̱ykeh

Extension ..., please
Toestel ... alstublieft
to̱ostell ... alsto̱oble̱eft

Please tell him ... called
Vertel hem alstublieft dat ... heeft gebeld
ferte̱l hem alsto̱oble̱eft dat ... heyft CHebe̱lt

Ask him to call me back, please
Vraag hem of hij mij terug kan bellen, alstublieft
frahCH hem of hey mey terruCH kan belleh, alstoobleeft

My number is …
Mijn nummer is …
meyn noomeh iss

Do you know where he is?
Weet u waar hij is?
veyt oo vahr hey iss

When will he be back?
Wanneer komt hij terug?
vanneyr komt hey terruCH

Could you leave him a message?
Kunt u een boodschap voor hem achterlaten?
kuhnt oo en bohdsCHap foor hem aCHterlahteh

I'll ring back later
Ik bel straks wel terug
ick bell straks vell terruCH

Sorry, wrong number
Sorry, verkeerd verbonden
sorry, ferkeyrt ferbondeh

What's your fax number/email address?
Wat is uw fax nummer/email adres?
vhat iss oo fax nummer/email ahdres

Did you get my fax/email?
Heeft u mÿn fax/email ontvangen?
heyft oo meyn fax/email ohntvangeh

Please resend your fax
Kunt u aub uw fax nogmaals versturen
kuhnt oo ah oo beh oow fax noCHmahls verstooren?

Can I send an email/fax from here?
Kan ik hiervandaan een fax/email sturen?
kan ich heervandahn en fax/email stooren

Can I use the photocopier/fax machine?
Mag ik aub het fotokopieer apparaat/fax machine gebruiken?
mach ich ah oo beh et photocopy-ehr appahraht/fax mahsjeneh CHebreykeh

---

THINGS YOU'LL SEE OR HEAR

antwoord apparaat	answering machine
brand	fire
brandweer	fire brigade
defect	out of order
email adres	email address
fotokopieer apparaat	photocopier
gesprek	call, conversation
gouden gids	yellow pages
haak	hook
in het buitenland	abroad
inwerpen	insert
interlokaal gesprek	long distance call
kiesschijf	the dial (on the telephone)
lokaal gesprek	local call
lokaal	local
maak het kort!	be brief!
munt, geldstuk	coin(s)
mobiele telefoon	mobile telephone
opnemen	lift (the receiver)
storingsdienst	faults service

→

tarief	charges
telefoniste	operator
telefoon	telephone
telefoonboek	telephone directory
telefooncel	telephone box
telefoon kaart	phonecard
telefoonnummer	number
tik	unit
wachten	wait

REPLIES YOU MAY BE GIVEN

Daar spreekt u mee
Speaking

Het spijt me, hij is er niet
Sorry, he's not in

Met wie spreek ik?
Who's calling?

Kan hij u terugbellen?
Can he call you back?

Met wie wilt u spreken?
Who do you want to speak to?

U bent verkeerd verbonden
You've got the wrong number

Hij is om … terug
He'll be back at …

HEALTH

Unless visiting Holland from another EU country, you are advised to take out full medical insurance to cover the costs of possible treatment. Visitors from the UK should fill in form E111 available from main post offices before travelling. Production of form E111 will not exempt you from paying some costs of medicine or of dental treatment, but you can apply to the DoH for reimbursment on your return to the UK.

Prescription drugs are only available from pharmacies or **apotheek** shops. For minor complaints, chemist's (**drogisterij**) stock non-prescription items, cosmetics and toiletries.

USEFUL WORDS AND PHRASES

accident	het ongeluk	*onCHelook*
ambulance	de ziekenwagen	*seekehvahCHeh*
anaemia	bloedarmoede	*blootarmoot*
ankle	de enkel	*'ankle'*
antibiotic	het antibioticum	*antibiotikum*
appendicitis	de blindedarm-ontsteking	*blindehdarm-ontsteyking*
appendix	de blindedarm	*blindehdarm*
arm	de arm	*'arm'*
aspirin	de aspirine	*aspireen*
asthma	de astma	*astmah*
back	de rug	*rooCH*
backache	de rugpijn	*rooCHpeyn*
bandage	het verband	*ferbant*
bite	de beet	*bate*
bladder	de blaas	*blahss*
bleed	bloeden	*bloodeh*
blister	de blaar	*blahr*
blood	het bloed	*bloot*
blood donor	de bloeddonor	*blootdonor*
burn	de brandwond	*brantvont*
cancer	de kanker	*kanker*

87

chemist	de drogisterij	_droсHisterey_
chest	de borst	_borst_
chickenpox	de waterpokken	_vahterpokkeh_
cold	de verkoudheid	_ferkowdheit_
concussion	de hersenschudding	_hersensсHudding_
constipation	de verstopping	_ferstopping_
contact lenses	de contactlenzen	_kontaktlenseh_
corn	de likdoorn	_likdorn_
cough	de hoest	_hoost_
cut	de snijwond	_sneyvont_
dentist	de tandarts	_tandarts_
diabetes	de suikerziekte	_sowkerzeekteh_
diarrhoea	de diarree	_deearray_
dizzy	duizelig	_dowzeliсH_
doctor	de dokter	_'doctor'_
ear	het oor	_oar_
earache	de oorpijn	_oarpeyn_
elbow	de elboog	_elbohсH_
eye	het oog	_ohсH_
face	het gezicht	_сHesiсHt_
fever	de koorts	_kohrts_
filling	de vulling	_foolling_
finger	de vinger	_finger_
first aid	eerste hulp	_eyrsteh-hoolp_
flu	de griep	_сHreep_
foot	de voet	_'foot'_
fracture	de breuk	_brurrk_
German measles	rodehond	_rohdehhont_
glasses	de bril	_brill_
haemorrhage	de bloeding	_blooding_
hand	de hand	_hant_
hay fever	de hooikoorts	_hoykohrts_
head	het hoofd	_hohft_
headache	de hoofdpijn	_hohftpeyn_
heart	het hart	_hart_
heart attack	de hartaanval	_hartahnfal_

heel	de hiel	'heel'
hip	de heup	hoop
IIIV positive	HIV positive	hah ey veh pohseyteyveh
hospital	het ziekenhuis	seekehhouse
ill	ziek	seek
indigestion	de indigestie	indicHestee
inflammation	de ontsteking	ontsteyking
injection	de injectie	inyectsee
injury	de verwonding	fervonding
to itch	jeuken	yookeh
jaw	de kaak	kahk
kidney	de nier	neer
leg	het been	bane
lump	de bult	boolt
lung	de long	long
measles	de mazelen	mahzeleh
migraine	de migraine	miCHrahn
mouth	de mond	mont
mumps	de bof	boff
nausea	de misselijkheid	misslikheyt
neck	de nek	nek
nose	de neus	noos
nurse	de verpleegster	ferpleyCHster
ointment	de zalf	salf
operation	de operatie	operatsee
optician	de opticien	optishen
pain	de pijn	peyn
painkiller	de pijnstiller	peynstiller
penicillin	de penicilline	pennysileen
pharmacy	de apotheek	apotake
pill	de pil	'pill'
plaster (sticky)	de pleister	pleyster
plaster of Paris	het gips	CHips
pneumonia	de longontsteking	longontsteyking
pregnant	zwanger	svanger

prescription	het recept	*resept*
rash	de huiduitslag	*howtoutslaCH*
rheumatism	de reuma	*roomah*
scald	de brandwond	*brantvont*
scratch	de schram	*sCHram*
shoulder	de schouder	*sCHowder*
sling	de mitella	*mitella*
smallpox	de pokken	*pockeh*
sore	de pijnlijke plek	*peynleykeh plek*
sore throat	de zere keel	*zeyreh keyl*
splinter	de splinter	*splinter*
sprain	de verstuiking	*ferstouwking*
sting	de steek	*stake*
stomach	de maag	*mahCH*
tablet	de tablet	*'tablet'*
temperature	de temperatuur	*temperatoor*
throat	de keel	*keyl*
thumb	de duim	*dowm*
toe	de teen	*tane*
tonsils	de amandelen	*amandeyleh*
tooth	de tand	*tant*
toothache	de kiespijn	*keesspeyn*
travel-sick	reisziek	*rice-seek*
ulcer	de zweer	*sveyr*
vaccination	de inenting	*inenting*
to vomit	overgeven	*oferCHeyveh*
whooping cough	de kinkhoest	*kinkhoost*
wound	de wond	*vont*

I have a pain in …
Ik heb pijn in …
ick hep peyn in

I do not feel well
Ik voel me niet goed
ick fool meh neet CHoot

I feel faint
Ik voel me flauw
ick fool meh flouw

I feel sick
Ik voel me misselijk
ick fool meh misseleyk

I feel dizzy
Ik voel me duizelig
ick fool meh dowseliCH

It hurts here
Het doet hier zeer
et doot here seyr

It's a sharp pain
Het is een stekende pijn
et iss en steykendeh peyn

It's a dull pain
Het is een flauwe pijn
et iss en flouweh peyn

It hurts all the time
Het doet voortdurend zeer
et doot foortdoorent seer

It only hurts now and then
Het doet alleen af en toe pijn
et doot alleyn aff en too peyn

It hurts when you touch it
Het doet zeer wanneer u het aanraakt
et doot seer vanneyr oo et ahnrahkt

It hurts more at night
's Nachts doet het meer pijn
snachts doot et meyr peyn

It stings
Het steekt
et steykt

It aches
Het doet zeer
et doot seyr

I'm … months pregnant
Ik ben … maanden in verwachting
ick beh … mahndeh in ver verwachting

I need a prescription for …
Ik moet een recept hebben voor …
ick moot en resept hebbeh foor

I normally take …
Normaal gebruik ik …
normahl chebrowk ick

I'm allergic to …
Ik ben allergisch voor …
ick ben allerchish foor

Have you got anything for …?
Hebt u iets tegen …?
hept oo eets teycheh

Do I need a prescription for …?
Moet ik een recept hebben voor …?
moot ick en resept hebbeh foor

Can you take these if you're pregnant/breastfeeding?
Kan men deze nemen als men in verwachting is/de borst geeft?
Kan men dehze nehmeh als men in vehrwaCHting iss/de bohrst CHeyft

THINGS YOU'LL SEE OR HEAR

afspraak	appointment
ambulance	ambulance
behandeling	treatment
dienstdoend apotheker/ doktor	duty chemist/doctor
dokter	doctor
EHBO	first aid
gynaecoloog	gynaecologist
intensive care afdeling	intensive care unit
keel, neus en oor	ear, nose and throat
kinderarts	paediatrician
noodgeval	emergency
opticien	optician
orthopedist	orthopaedist
particuliere patient	private patient
polikliniek	out-patients clinic
recept	prescription
specialist	specialist
spreekuur	surgery
tandarts	dentist
volgende patient	next, please
voorschrijven	to prescribe
wachtkamer	waiting room
ziekenwagen	ambulance

Replies You May Be Given

Neem telkens … tabletten
Take … tablets at a time

Met water/voorkauwen
With water/for chewing

Een/twee/drie maal per dag
Once/twice/three times a day

Alleen voor het slapen gaan
Only when you go to bed

's Morgens voor het ontbijt
First thing in the morning

Wat voor medicijnen gebruikt u gewoonlijk?
What medicines do you usually take?

U moet een afspraak met de dokter maken
I think you should see a doctor

Het spijt me, dat hebben we niet
I'm sorry, we don't have that

U moet daar een doktersrecept voor heben
For that you need a prescription

Dat is hier niet verkrijgbaar
You can't get that here

CONVERSION TABLES

DISTANCES

Distances are marked in kilometres. To convert kilometres to miles, divide the km by 8 and multiply by 5 (one km being five-eights of a mile). Convert miles to km by dividing the miles by 5 and multiplying by 8. A mile is 1609 m (1.609 km).

km	miles or km	miles
1.61	1	0.62
3.22	2	1.24
4.83	3	1.86
6.44	4	2.48
8.05	5	3.11
9.66	6	3.73
11.27	7	4.35
12.88	8	4.97
14.49	9	5.59
16.10	10	6.21
32.20	20	12.43
48.28	30	18.64
64.37	40	24.85
80.47	50	31.07
160.93	100	62.14
321.90	200	124.30
804.70	500	310.71
1609.34	1000	621.37

Other units of length:

1 centimetre	= 0.39 in	1 inch = 25.4 millimetres
1 metre	= 39.37 in	1 foot = 0.30 metre (30 cm)
10 metres	= 32.81 ft	1 yard = 0.91 metre

WEIGHTS

The unit you will come into most contact with is the kilogram (kilo), equivalent to 2 lb 3 oz (2.2 lbs). To convert kg to lbs, multiply by 2 and add one-tenth of the result (thus, 6 kg = 12 + 1.2, or 13.2 lbs). One ounce is about 28 grams, and 1 lb is 454 g. One UK hundredweight is almost 51 kg; one US cwt is 45 kg. One UK ton is 1016 kg (US ton = 907 kg).

grams	ounces	ounces	grams
50	1.76	1	28.3
100	3.53	2	56.7
250	8.81	4	113.4
500	17.63	8	226.8

kg	lbs or kg	lbs
0.45	1	2.20
0.91	2	4.41
1.36	3	6.61
1.81	4	8.82
2.27	5	11.02
2.72	6	13.23
3.17	7	15.43
3.63	8	17.64
4.08	9	19.84
4.53	10	22.04
9.07	20	44.09
11.34	25	55.11
22.68	50	110.23
45.36	100	220.46

LIQUIDS

Motorists from the UK will be used to seeing petrol priced per
litre (and may even know that one litre is about 1.75 pints).
One 'imperial' gallon is roughly 4.5 litres, but US drivers must
remember that the American gallon is only 3.8 litres (1 litre = 1.06
US quart). In the following table, imperial gallons are used:

litres	gals _or_ l	gals
4.54	1	0.22
9.10	2	0.44
13.64	3	0.66
18.18	4	0.88
22.73	5	1.10
27.27	6	1.32
31.82	7	1.54
36.37	8	1.76
40.91	9	1.98
45.46	10	2.20
90.92	20	4.40
136.38	30	6.60
181.84	40	8.80
227.30	50	11.00

TYRE PRESSURES

lb/sq in	15	18	20	22	24
kg/sq cm	1.1	1.3	1.4	1.5	1.7

lb/sq in	26	28	30	33	35
kg/sq cm	1.8	2.0	2.1	2.3	2.5

AREA

The average tourist isn't likely to need metric area conversions, but with more 'holiday home' plots being bought overseas nowadays it might be useful to know that 1 square metre = 10.8 square feet, and that the main unit of land area measurement is a hectare (which is 2.5 acres). The hectare is 10,000 sq m – for convenience, visualise something roughly 100 metres or yards square. To convert hectares to acres, divide by 2 and multiply by 5 (and vice-versa).

hectares	acres or ha	acres
0.4	1	2.5
2.0	5	12.4
4.1	10	24.7
20.2	50	123.6
40.5	100	247.1

TEMPERATURE

To convert centigrade or Celsius degrees into Fahrenheit, the accurate method is to multiply the °C figure by 1.8 and add 32. Similarly, to convert °F to °C, subtract 32 from the °F figure and divide by 1.8. See the table below. If all you want is some idea of how hot it is forecast to be in the sun, simply double the °C figure and add 30; the °F result will be overstated by a degree or two when the answer is in the 60-80 °F range, while 90°F should be 86°F.

°C	°F	°C	°F	
-10	14	25	77	
0	32	30	86	
5	41	36.9	98.4	*body temperature*
10	50	40	104	
20	68	100	212	*boiling point*

CLOTHING SIZES

Slight variations in sizes, let alone European equivalents of UK/USA sizes, will be found everywhere so be sure to check before you buy. The following tables are approximate:

Women's dresses and suits

UK	10	12	14	16	18	20
Europe	36	38	40	42	44	46
USA	8	10	12	14	16	18

Men's suits and coats

UK/USA	36	38	40	42	44	46
Europe	46	48	50	52	54	56

Women's shoes

UK	4	5	6	7	8
Europe	37	38	39	41	42
USA	$5\frac{1}{2}$	$6\frac{1}{2}$	$7\frac{1}{2}$	$8\frac{1}{2}$	$9\frac{1}{2}$

Men's shoes

UK/USA	7	8	9	10	11
Europe	41	42	43	44	45

Men's shirts

UK/USA	14	$14\frac{1}{2}$	15	$15\frac{1}{2}$	16	$16\frac{1}{2}$	17
Europe	36	37	38	39	41	42	43

Women's sweaters

UK/USA	32	34	36	38	40
Europe	36	38	40	42	44

Waist and chest measurements

Inches	28	30	32	34	36	38	40	42	44	46
Cms	71	76	80	87	91	97	102	107	112	117

MINI-DICTIONARY

about: about 16 ongeveer zestien
accelerator het gaspedaal
accident het ongeluk
accommodation het onderdak
ache de pijn
adaptor (*electrical*) de verdeelstekker
address het adres
adhesive het plakmiddel
adhesive tape het plakband
admission charge de toegangs prijs
after na
aftershave de after-shave
again weer
against tegen
air de lucht
air conditioning de air-conditioning
aircraft het vliegtuig
air freshener de luchtverfrisser
airline de luchtvaartlijn
airport de luchthaven
alcohol de alcohol
all alle
   that's all dat is alles
almost bijna
alone alleen
already al
always altijd
am: I am ik ben
ambulance de ambulance,
  de ziekenwagen
America Amerika
American (*man*) de Amerikaan
  (*woman*) de Amerikaanse
  (*adj*) Amerikaans
and en
ankle de enkel

another: I'd like another room
  ik wil een andere kamer
  another beer please
  nog een biertje alstublieft
answering machine het antwoord
  apparaat
antifreeze de anti-vries
antique shop de antiekwinkel
antiseptic (*adj*) antiseptisch
apartment het appartement
aperitif het aperitief
appendicitis de blindedarmontsteking
appetite trek
apple de appel
application form het aanvraagformulier
appointment de afspraak
apricot de abrikoos
are: you are (*sing. familiar*) jij bent
  (*sing. polite*) u bent
  (*plural familiar*) jullie zijn
  (*plural polite*) u bent
  we are wij zijn
  they are zij zijn
arm de arm
art de kunst
art gallery het museum
artiste de artiest
as: as soon as possible zo snel mogelijk
ashtray de asbak
asleep: he's asleep hij slaapt
aspirin de aspirine
at: at the post office
  op het postkantoor
  at night 's avonds
  at 3 o'clock om 3 uur
attractive aantrekkelijk

aunt de tante
Australia Australië
Australian (man) de Australiër
  (woman) de Australische
  (adj) Australisch
Austria Oostenrijk
Austrian (man) de Oostenrijker
  (woman) de Oostenrijks
  (adj) Oostenrijks
automatic automatisch
away: is it far away? is het ver weg?
  go away! ga weg!
awful afschuwelijk
axle de as

baby de baby
baby wipes de baby doekjes
back (not front) de achterkant
  (body) de rug
bacon het spek
  bacon and eggs eieren met spek
bad slecht
bait het aas
bake bakken
baker de bakker
balcony het balkon
ball (for playing) de bal
  (dance) het bal
ball-point pen de balpen
banana de banaan
band (musicians) de band
bandage het verband
bank de bank
banknote het bankbiljet
bar de bar
  bar of chocolate
  de reep chocolade
barbecue de barbecue
  (occasion) een barbecue feest
barber de kapper

bargain het koopje
basement de kelder
basin (bowl) de schaal
  (sink) de wastafel
basket de mand
bath het bad
  to have a bath een bad nemen
bath salts het badzout
bathing cap de badmuts
bathroom de badkamer
battery de batterij
  (car) de accu
beach het strand
beans de bonen
beard de baard
because omdat
bed het bed
bed linen het linnengoed
bedroom de slaapkamer
beef het rundvlees
beer het bier
before voor
beginner de beginneling
behind achter
beige beige
Belgian (man) de Belg
  (woman) de Belgische
  (adj) Belgisch
Belgium België
bell (church) de klok
  (door) de deurbel
below onder
belt de riem
beside naast
best best
better beter
between tussen
bicycle de fiets
big groot
bikini de bikini
bill de rekening

bin liner/bin bag
de vuilniszak
bird de vogel
birthday de verjaardag
　Happy Birthday!
　hartelijk gefeliciteerd!
　birthday card
　de verjaardagskaart
biscuit het biscuitje
bite *(verb)* bijten
　(noun) de beet
bitter bitter
black zwart
blackberry de braambes
blackcurrant de zwarte bes
blanket het deken
bleach *(verb)* bleken
　(noun) het bleekmiddel
blind *(cannot see)* blind
　(window) het zonnescherm
blister de blaar
blood het bloed
blouse de blouse
blue blauw
boat het schip
　(smaller) de boot
body het lichaam
　(corpse) het lijk
boil *(water)* koken
　(medical) steenpuist
bolt *(verb)* grendelen
　(noun: on door) de grendel
bone het bot
　(fish) de graat
　(broken bone) gebroken been
bonnet *(car)* de motorkap
book *(noun)* het boek
　(verb) boeken
booking office
　(railway station) het loket
　(theatre etc) het bespreekbureau

bookshop de boekwinkel
boot *(car)* de kofferbak
　(footwear) de laars
border de grens
boring saai
born: I was born in ...
　ik ben in ... geboren
both: both of them beide
　both of us wij beide
　both ... and ... zowel ... als ...
bottle de fles
bottle opener de flesopener
bottom de bodem
bowl de schaal
box de doos
　(of wood etc) de kist
boy de jongen
boyfriend de vriend
bra de b.h. *(pronounced 'beha')*
bracelet de armband
braces de bretels
brake *(noun)* de rem
　(verb) remmen
brandy de cognac
bread het brood
breakdown *(car)* motorpech
　(nervous) de zenuwinzinking
breakfast het ontbijt
breathe ademhalen
bridge de brug
briefcase de aktentas
brochure de brochure
broken gebroken
　(doesn't work) kapot
brooch de broche
brother de broer
brown bruin
bruise de blauwe plek
brush *(noun)* de borstel
　(verb) borstelen
bucket de emmer

building het gebouw
bumper de bumper
burn *(skin)* verbranden
  (noun) de brandwond
burglar de inbreker
bus de bus
bus station het busstation
business de zaak
  it's none of your business
  het gaat je niets aan
busker de straatmuzikant
busy *(occupied)* bezig
  (street) druk
but maar
butcher de slager
butter de boter
button de knoop
buy kopen
by: by the window
  bij het raam
  by Friday rond vrijdag
  by myself alleen

cabbage de kool
cable/satellite TV de kabel/satelliet TV
café het café
cagoule de regenmantel
cake de taart
  (small) het gebakje
cake shop de banketwinkel
calculator de rekenmachine
call: what's it called?
  hoe heet het?
camera de camera
campsite het kampeerterrein
camshaft de nokkenas
can: can I have …?
  kan ik … hebben?
  I can't see ik kan niet zien
  can you …? kunt u …?

can *(tin)* het blik
Canada Canada
Canadian *(man)* de Canadees
  (woman) de Canadese
  (adj) Canadees
canal het kanaal, de gracht
cancer de kanker
candle de kaars
canoe de kano
cap de pet
car de auto
car seat *(for baby)* het kindersitje
caravan de caravan
carburettor de caburateur
card de kaart
cardigan het vest
careful voorzichtig
  be careful! wees voorzichtig!
carpet het tapijt
carriage *(train)* het rijtuig
carrots de wortels
case de koffer
cash contant
  (change) het kleingeld
  to pay cash contant betalen
cassette de cassette
cassette player de cassettespeler
cassette-recorder
  de cassette-recorder
castle het kasteel
cat de kat
cathedral de kathedraal
cauliflower de bloemkool
cave de grot
cemetery de begraafplaats
certificate het certificaat
chair de stoel
chambermaid het kamermeisje
change *(money)* het kleingeld
  (verb) wisselen
  (verb: clothes) zich omkleden

103

Channel het Kanaal
cheap goedkoop
cheers! proost!
cheese de kaas
chemist *(shop)* de drogisterij
cheque de cheque
chequebook het chequeboek
cheque card de bankkaart
cherry de kers
chess schaken
chest de borstkas
chewing gum het kauwgum
chicken de kip
child het kind
china het porselein
China China
Chinese *(man)* de Chinees
  (woman) de Chinese
  (adj) Chinees
chips de patates frites
chocolate de chocolade
  box of chocolates
  de doos chocolade
  bar of chocolate
  de chocoladereep
chop *(food)* de kotelet
  (to cut) fijn hakken
church de kerk
cigar de sigaar
cigarette de sigaret
cinema de bioscoop
city de stad
city centre het stadscentrum
class de klas
classical music
  klassieke muziek
clean schoon
clear duidelijk
  is that clear? is dat duidelijk?
clever slim
clock de klok

clog de klomp
close *(near)* dichtbij
  (weather) benauwd
close *(verb)* sluiten
  the shop is closed
  de winkel is gesloten
clothes de kleren
club *(sports etc)* de vereniging
  (cards) klaveren
clutch de koppeling
coach de bus
  (of train) het rijtuig
coat de jas
coat hanger de kleerhanger
cockroach de kakkerlak
coffee de koffie
coin de munt, het geldstuk
cold *(illness)* de verkoudheid
  (adj) koud
collar de kraag
collection
  (stamps etc) de verzameling
colour de kleur
colour film de kleurenfilm
comb *(noun)* de kam
  (verb) kammen
come komen
  I come from ...
  ik kom uit ...
  we came last week
  wij zijn er sinds vorige week
communication cord de noodrem
compact disc de compact-disc
compartment de coupé
complicated ingewikkeld
concert het concert
conditioner *(hair)* de crèmespoeling
conductor de conducteur
  (orchestra) de dirigent
congratulations! gefeliciteerd!
constipation de verstopping

consulate het consulaat
contact lenses de contactlenzen
contraceptive
het voorbehoedsmiddel
(oral) de pil
cook (noun) de kok
(verb) koken
cooking utensils
de keukenbenodigdheden
cool koel
cork de kurk
corkscrew de kurketrekker
corner de hoek
corridor de gang
cosmetics de cosmetica
cost (verb) kosten
what does it cost?
hoeveel kost het?
cotton het katoen
cotton wool de watten
cough (verb) hoesten
(noun) de hoest
council de raad
country (state) het land
(countryside) het platteland
cousin (male) de neef
(female) de nicht
crab de krab
cramp de kramp
crayfish de rivierkreeft
cream (for cake etc) de slagroom
(lotion) de crème
credit card de kredietkaart
crew de bemanning
crisps de chips
crowded druk
cruise de cruise
crutches de krukken
cry (weep) huilen
(shout) roepen
cucumber de komkommer

cuff links de manchetknopen
cup de kop, het kopje
cupboard de kast
curls de krullen
curry de kerrie
curtain het gordijn
cut (noun) de snijwond
(verb) snijden

dad papa
dairy (factory) de melkfabriek
damp vochtig
Dane (man) de Deen
(woman) de Deense
dangerous gevaarlijk
Danish Deens
dark donker
daughter de dochter
day de dag
dead dood
deaf doof
dear (expensive) duur
deck chair de dekstoel
deep diep
deliberately opzettelijk
Denmark Denmarken
dentist de tandarts
dentures het kunstgebit
deny: I deny it ik ontken het
deodorant de deodorant
department store
het warenhuis
departure het vertrek
develop ontwikkelen
diamonds de diamanten
diarrhoea de diarree
diary de agenda
(journal) het dagboek
dictionary het woordenboek
diesel diesel

different verschillend
  that's different dat is anders
  I'd like a different
  ik heb graag een andere
difficult moeilijk
dining car de restauratiewagen
dining room de eetkamer, de eetzaal
directory *(telephone)* het telefoonboek
dirty vuil
disabled *(person)* de gehandicapte
  (adj) gehandicapt
disposable nappies de wegwerp luiers
distributor *(car)* de stroomverdeler
dive duiken
diving board de duikplank
do doen
doctor de dokter, GP de huisarts
document het document
dog de hond
doll de pop
dollar de dollar
door de deur
double room de tweepersoonskamer
doughnut de doughnut, de oliebol
down naar beneden
  (position) onder
drawing pin de punaise
dress de jurk
drink *(verb)* drinken
  would you like a drink?
  wilt u iets drinken?
drinking water het drinkwater
drive *(verb: car)* rijden
driver de bestuurder
driving licence het rijbewijs
drunk dronken
dry droog
dry cleaner de stomerij
dummy de fopspeen
during tijdens
dustbin de vuilnisbak

duster de stofdoek
Dutch Hollands, Nederlands
  (language) Nederlands
Dutchman de Hollander, de Nederlander
Dutchwoman de Hollandse vrouw,
  de Nederlandse vrouw
duty-free belastingvrij
dyke de dijk

each *(every)* iedere
  two guilders each twee gulden per stuk
early vroeg
earrings de oorbellen
ears de oren
east het oosten
easy gemakkelijk
egg het ei
egg cup het eierdopje
either: either of them
  het ene of het andere
  either … or of … of …
elastic elastisch
elastic band het elastiekje
elbows de ellebogen
electric elektrisch
electricity de elektriciteit
else: something else iets anders
  someone else iemand anders
  somewhere else ergens anders
email de email
  email address de email adres
embarrassing genant
embassy de ambassade
embroidery het borduurwerk
emerald de smaragd
emergency het spoedgeval
empty leeg
end het einde
engaged *(couple)* verloofd
  (occupied) bezet

engine *(motor)* de motor
 (railway) de locomotief
England Engeland
English *(adj)* Engels
Englishman de Engelsman
Englishwoman de Engelse
enlargement de vergroting
enough genoeg
entertainment het amusement
entrance de ingang
envelope de enveloppe
escalator de roltrap
especially vooral
evening de avond
every ieder
everyone iedereen
everything alles
everywhere overal
example het voorbeeld
 for example bijvoorbeeld
excellent uitstekend
excess baggage het overgewicht
exchange *(verb)* wisselen
exchange rate de wisselkoers
excursion de excursie
excuse me *(to get attention)* pardon
 (sorry) sorry
exit *(noun)* de uitgang
expensive duur
extension lead het verlengsnoer
eye drops de oogdruppels
eyes de ogen

face het gezicht
faint *(verb)* flauw vallen
 to feel faint zich flauw voelen
fair *(funfair)* de kermis
 (just) eerlijk, fair
 it's not fair dat is niet eerlijk
false teeth het kunstgebit

fan *(ventilator)* de ventilator
 (enthusiast) de fan
 (sport) de supporter
fan belt de ventilatieriem
far ver
 how far is ...? hoe ver is ...?
fare het tarief
farm de boerderij
farmer de boer
fashion de mode
fast snel
fat *(person)* dik
 (on meat etc) het vet
father de vader
fax machine de fax machine
feel *(touch)* voelen
 I feel hot ik heb het warm
 I feel like ... ik heb zin ...
feet de voeten
felt-tip pen de viltstift
ferry de veerboot
fever de koorts
fiance(e) de verloofde
field het veld
figs de vijgen
filling *(tooth)* de vulling
film *(camera)* het filmpje
filter filter
finger de vinger
fire de brand
 (campfire etc) het vuur
 (heater) de kachel
fire extinguisher de brandblusser
firework het vuurwerk
first eerste
first aid eerste hulp, EHBO
first floor de eerste verdieping
first name de voornaam
fish de vis
fishing vissen
 to go fishing gaan vissen

fishing rod de vishengel
fishmonger de visboer
fizzy bruisend
flag de vlag
flash *(camera)* de flitser
flat *(level)* vlak
  (apartment) de flat
flavour de smaak
flea de vlo
Flemish Vlaams
flight de vlucht
flip-flops de teenslippers
flippers de zwemvliezen
flour het meel
flower de bloem
flu de griep
flute de fluit
fly *(verb)* vliegen
  (insect) de vlieg
fog de mist
folk music de volksmuziek
food het voedsel
food poisoning de voedselvergifting
foot de voet
football *(sport)* het voetbal
  (ball) de voetbal
for: for me voor mij
  what for? waarom
  for a week voor een week
foreigner de buitenlander
forest het bos
forget: I forget ik vergeet
  I forgot ik ben vergeten
fork de vork
fortnight twee weken
fourth vierde
fracture de breuk
France Frankrijk
free *(no cost)* gratis
  (at liberty) vrij
freezer de diepvries

French Frans
Frenchman de Fransman
Frenchwoman de Française
fridge de koelkast
friend de vriend
friendly vriendelijk
front: in front of voor
frost de vorst
fruit het fruit
fruit juice het vruchtensap
fry bakken
frying pan de koekepan
full vol
  I'm full ik zit vol
full board volpension
funnel *(for pouring)* de trechter
funny *(amusing)* grappig
  (odd) vreemd
furniture het meubilair

garage de garage
garden de tuin
garlic het knoflook
gay *(happy)* vrolijk
  (homosexual) homosexueel
gear de versnelling
gear lever de versnellingshandel
German *(man)* de Duitser
  (woman) de Duitse
  (adj) Duits
Germany Duitsland
get *(fetch)* halen
  have you got …? hebt u …?
  to get the train de trein halen
get back: we get back tomorrow
  we komen morgen terug
  to get something back iets terug krijgen
get in instappen
get out *(of car)* uitstappen
  (bring out) er uit halen

get up (*rise*) opstaan
gift het cadeau
gin de gin, de jenever
ginger de gember
girl het meisje
girlfriend de vriendin
give geven
glad blij
  I'm glad ik ben blij
glass het glas
glasses de bril
gloss prints de glanzende foto's
gloves de handschoenen
glue de lijm
goggles de veiligheidsbril
gold het goud
golf het golf
good goed
goodbye tot ziens
government de regering
granddaughter de kleindochter
grandfather de grootvader, de opa
grandmother de grootmoeder,
  de oma
grandson de kleinzoon
grapes de druiven
grass het gras
Great Britain Groot Brittannië
green groen
grey grijs
grill de gril
grocer (*shop*) de kruidenierswinkel
ground floor de begane grond
groundsheet het grondzeil
guarantee (*noun*) de garantie
  (*verb*) garanderen
guard de bewaker
guide book de reisgids
guitar de gitaar
gun (*rifle*) het geweer
  (*pistol*) het pistool

hair het haar
haircut het kapsel
hairdresser de kapper (*man*)
  (*woman*) de kapster
hairdryer de haardroger
hair spray de haarlak
half half
  half an hour een half uur
half board halfpension
ham de ham
hamburger de hamburger
hammer de hamer
hand de hand
handbag de handtas
handbrake de handrem
handle (*door*) het handvat
handsome knap
hangover de kater
happy gelukkig
harbour de haven
hard hard
  (*also difficult*) moeilijk
hat de hoed
have hebben
  I don't have … ik heb geen
  can I have …?
  mag ik … hebben?
  have you got …? hebt u …?
  I have to go now
  ik moet nu gaan
hay fever de hooikoorts
he hij
head het hoofd
headache de hoofdpijn
headlights de koplampen
hear horen
hearing aid het gehoorapparaat
heart het hart
  heart attack de hartaanval
heating de verwarming
heavy zwaar

heel de hiel
  (of shoe) de hak
hello hallo
  (to get attention) hallo
help *(noun)* de hulp
  (verb) helpen
  help! help!
hepatitis de hepatitis
her: it's her zij is het
  her case haar koffer
  it's for her het is voor haar
  give it to her geef het aan haar
  it's hers het is van haar
here hier
high hoog
highway code
  de verkeersregels
hill de heuvel
him: it's him hij is het
  it's for him het is voor hem
  give it to him geef het aan hem
his zijn
  it's his het is van hem
history de geschiedenis
hitchhike liften
HIV positive HIV positief
hobby de hobby
holiday de vakantie
Holland Holland
homeopathy homeopathie
honest eerlijk
honey de honing
honeymoon de huwelijksreis
horn *(car)* de toeter
  (animal) de horen
horrible verschrikkelijk
hospital het ziekenhuis
hot heet
hot water bottle de kruik
hour het uur
house het huis

how? hoe?
hungry hongerig
  I'm hungry ik heb honger
hurry: I'm in a hurry
  ik heb haast
husband de echtgenoot

I ik
ice het ijs
ice cream het ijsje
ice cube het ijsblokje
ice lolly de ijslollie
ice rink de ijsbaan
ice-skates de schaatsen
if als
in in
India India
Indian *(man)* de Indiër
  (woman) de Indische
  (adj) Indisch
ignition de ontsteking
ill ziek
immediately onmiddellijk
impossible onmogelijk
indicator de richtingaanwijzer
indigestion de indigestie
infection de infectie
information de informatie
inhaler *(for asthma etc)* de inhaler
injection de injectie
injury de verwonding
ink de inkt
inn de herberg
inner tube de binnenband
insect het insekt
insect repellent
  de insektenverdrijver
insomnia de slapeloosheid
insurance de verzekering
interesting interessant

internet het internet
interpret tolken
invitation de uitnodiging
Ireland Ierland
Irish (adj) Iers
Irishman de Ier
Irishwoman de Ierse
iron (metal) het ijzer
  (for clothes) het strijkijzer
is: he/she is hij/zij is
  it is het is
island het eiland
it het
Italian
  (man) de Italiaan
  (woman) de Italiaanse
  (adj) Italiaans
Italy Italië
itch (noun) het jeuken
  (verb) jeuken
  it itches het jeukt

jacket de jas
jacuzzi de jacuzzi
jam de jam
jazz jazz
jealous jaloers
jeans de spijkerbroek
jellyfish de kwal
jeweller de juwelier
job de baan
jog (verb) joggen
  to go for a jog gaan joggen
joke de mop
journey de reis
jumper de trui
just: it's just arrived
  het is net aangekomen
  I've just one left
  ik heb er nog maar een over

kettle de ketel
key de sleutel
kidney de nier
kilo het kilo
kilometre de kilometer
kitchen de keuken
knee de knie
knife het mes
knit breien
knitting needle de breinaald

label (clothes) het label
  (food) het etiket
lace het kant
  (of shoe) de veter
lake het meer
lamb het lammetje
lamp de lamp
lampshade de lampekap
land (noun) het land
  (verb) landen
language de taal
large groot
last (final) laatste
  last week/month
  vorige week/vorige maand
  at last! eindelijk!
late: it's getting late het wordt laat
  the bus is late de bus is laat
laugh lachen
launderette de wasserette
laundry (place) de wasserij
  (clothes) het wasgoed
laxative het laxeermiddel
lazy lui
leaf het blad
learn leren
leather het leer, het leder
left (direction) links
  there's nothing left er is niets meer over

left luggage het bagage depot
leg het been
lemon de citroen
lemonade de limonade
length de lengte
lens de lens
less minder
lesson de les
letter *(post)* de brief
 (alphabet) de letter
letter box de brievenbus
lettuce de sla
library de bibliotheek
licence de vergunning
life het leven
lift *(in building)* de lift
 (in car) de lift
 to give someone a lift
 iemand een lift geven
light licht
lighter de aansteker
lighter fuel het aanstekergas
lightmeter de belichtingsmeter
like: I like you ik vind je aardig
 I like swimming
 ik zwem graag
 it's like … het is net als …
lime *(fruit)* de limoen
lip salve de lippenzalf
lipstick de lippenstift
liqueur de likeur
list de lijst
litre de liter
litter het afval
little *(small)* klein
 it's a little big
 het is een beetje groot
liver de lever
lobster de kreeft
lollipop de lollie
London Londen

long lang
 how long? hoe lang?
lorry de vrachtwagen
lost property gevonden
 voorwerpen
lot: a lot veel
loud luid
 (colour) schreeuwend
lounge *(hotel)* de lounge
 (home) de zitkamer
love: I love you ik hou van je
low laag
luck het geluk
 good luck! sterkte!
luggage de bagage
luggage rack het bagagerek
lunch de lunch
Luxembourg Luxemburg

magazine het tijdschrift
mail de post
make maken
make-up de make-up
man de man
manager
 (factory/shop) de bedrijfsleider
 (department) de chef
map de kaart
 (street map) de plattegrond
margarine de margarine
market de markt
marmalade de marmalade
married getrouwd
mascara de mascara
mass *(church)* de mis
match *(light)* de lucifer
 (sport) de wedstrijd
material *(cloth)* de stof
mattress het matras
maybe misschien

me: it's me ik ben het
  it's for me het is voor mij
  give it to me geef het aan mij
meal de maaltijd
meat het vlees
mechanic *(car)* de monteur
medicine het medicijn
meeting de vergadering
melon de meloen
men's toilet het herentoilet
menu het menu, de kaart
message de boodschap
midday de middag
middle het midden
midnight middernacht
milk de melk
mine: it's mine het is van mij
mineral water het mineraalwater
minute de minuut
mirror de spiegel
Miss juffrouw
mistake de fout
  to make a mistake
  een fout maken
mobile phone de mobiele telefoon
modem de modem
money het geld
month de maand
monument het monument
moped de bromfiets, de brommer
more meer
  more or less min of meer
morning de morgen
  in the morning/every morning
  's morgens
mother de moeder
motorbike de motor
motorboat de motorboot
motorway de (auto)snelweg
mountain de berg
mouse de muis

moustache de snor
mouth de mond
move *(verb)* bewegen
  I can't move
  ik kan me niet bewegen
  to move house verhuizen
movie de film
Mr mijnheer, meneer
Mrs mevrouw
much: not much niet veel
mug de beker
mum mama
museum het museum
mushrooms de champignons
music de muziek
musical instrument
  het muziekinstrument
musician de musicus,
  de muzikant
mussels de mosselen
mustard de mosterd
my mijn
  that's my book dat is mijn boek

nail *(finger)* de nagel
  (for wood) de spijker
nailfile het nagelvijltje
nail polish de nagellak
name de naam
napkin het servet
nappy de luier
narrow nauw
near dichtbij
  near London bij Londen
neck de nek, de hals
necklace de halsketting
need *(verb)* nodig hebben
  I need to go ik moet gaan
  there's no need
  het is niet nodig

needle de naald
negative *(photo)* het negatief
neither: neither of them
  geen van beide
  neither ... nor noch ... noch
nephew de neef
Netherlands Nederland
never nooit
new nieuw
news het nieuws
newsagent de tijdschriftwinkel
newspaper de krant
New Zealand Nieuw-Zeeland
next: next to naast
  next week/month volgende week/maand
  whatever next? wat nu weer?
nice fijn
niece de nicht
night de nacht
nightclub de nachtclub
nightdress de nachtjapon
night porter de nachtportier
no *(response)* nee
  (not any) geen, geen een
noisy luidruchtig
north het noorden
Northern Ireland Noord-Ierland
North Sea de Noordzee
nose de neus
nose drops de neusdruppels
not niet
notebook het notitieboek
novel de roman
now nu
nudist de nudist
number het getal
  (telephone) het telefoonnummer
number plate de nummerplaat
nurse de verpleegster
nut *(fruit)* de noot
  (for bolt) de moer

occasionally nu en dan
of van
office het kantoor
often vaak
oil de olie
ointment de zalf
OK oké
old oud
olive de olijf
omelette de omelet
on op
one een
onion de ui
open *(verb)* openen
  (adj) open
operator *(phone)* de telefoniste
opposite: opposite the hotel
  tegenover het hotel
optician de opticien
or of
orange *(colour)* oranje
  (fruit) de sinaasappel
orchestra het orkest
organ het orgel
our ons, onze
  it's ours het is van ons
out: he's out hij is niet thuis
outside buiten
over *(above)* boven
  over there daarginds
overtake inhalen
oyster de oester

pack of cards het pak kaarten
package het pak
  (parcel) het pakket
packet het pakje
  a packet of ... een pakje ...
page de bladzijde
pain de pijn

pair een paar
  (the couple) het paar, het stel
Pakistani (man) de Pakistaan
  (woman) de Pakistaanse
  (adj) Pakistaans
paracetamol de paracetamol
paraffin de paraffine
parcel het pakket
pardon? pardon?
parents de ouders
park (noun) het park
  (verb) parkeren
parsley de peterselie
party (celebration) het feest
  (group) de groep, het gezelschap
  (political) de partij
passenger de passagier
passport het paspoort
path het pad
pavement de stoep
pay betalen
peach de perzik
peanuts de pinda's
pear de peer
pearl de parel
peas de doperwten
pedestrian de voetganger
peg (clothes) de kleerhanger
pen de pen
pencil het potlood
pencil sharpener de punteslijper
penfriend (man) penvriend
  (woman) de penvriendin
penknife het zakmes
pepper de peper
  (red) de rode paprika
  (green) groene paprika
peppermints de pepermunten
per: per night per nacht
perfume de parfum
perhaps misschien

perm het permanent
personal stereo de Walkman®
petrol de benzine
petrol station het benzinestation
petticoat de onderrok
photograph (noun) de foto
  (verb) fotograferen
photographer de fotograaf
phrase book de taalgids
piano de piano
pickpocket de zakkenroller
picnic de picknick
piece het stuk
pillow het kussen
pilot de piloot
pin de speld
pineapple de ananas
pink roze
pipe (for smoking) de pijp
  (for water) de leiding
piston de zuiger
piston ring de zuigerveer
plant de plant
plaster (sticking) de pleister
  (of Paris) het gipsverband
plastic het plastic
plastic bag de plastic tas
plate het bord
platform het perron
please alstublieft
plug (electrical) de stekker
  (sink) de stop
pocket de zak
poison het vergif
police de politie
police officer de politieagent
police station het politiebureau
politics de politiek
poor arm
  (bad quality) slecht
pop music de popmuziek

pork het varkensvlees
port *(harbour)* de haven
　(drink) de port
porter de portier
post *(noun)* de post
　(verb) posten
postbox de brievenbus
post office het postkantoor
postcard de briefkaart
poster de poster
postman de postbode
potato de aardappel
poultry het gevogelte
pound *(money, weight)* het pond
powder het poeder
pram de kinderwagen
prescription het recept
pretty *(beautiful)* knap
　(quite) tamelijk
priest de priester
private: a private room
　een privevertrek
　a private owner
　een particulier eigenaar
problem het probleem
　what's the problem?
　wat is het probleem
public openbaar
pull trekken
purple violet, paars
purse de portemonnee
push duwen
pushchair de wandelwagen
pyjamas de pyjama

quality de kwaliteit
quay de kade
question de vraag
queue *(noun)* de rij
　(verb) in de rij staan

quick snel
quiet rustig
quilt de gewatteerde deken,
　het dekbed
quite: quite a lot heel wat

radiator *(heating)* de radiator,
　de verwarming
　(car) de radiateur
radio de radio
radish de radijs
railway line de spoorlijn
rain de regen
raincoat de regenjas
raisin de rozijn
rare *(uncommon)* zeldzaam
　(steak) rood
raspberry de framboos
rat de rat
razor blades de scheermesjes
reading lamp de leeslamp
ready klaar
rear lights de achterlichten
receipt de kassabon
receptionist de receptioniste
record *(music)* de elpee (lp)
　(sporting etc) het record
record shop de platenzaak
red rood
refreshments de verfrissingen
registered letter
　de aangetekende brief
relax zich ontspannen
religion de godsdienst
remember zich herinneren
reservation de reservering,
　de bespreking
rest *(remainder)* de rest
　(relax) rusten
restaurant het restaurant

return (*come back*) terugkomen
  (*give back*) teruggeven
rice de rijst
rich rijk
right (*correct*) juist
  (*direction*) rechts
ring (*to call*) bellen
ripe rijp
river de rivier
road de weg
rock (*stone*) de rots
  (*music*) rock and roll
roll (*bread*) het broodje
  (*verb*) rollen
roller skates de rolschaatsen
roof het dak
room de kamer
  (*space*) de ruimte
rope het touw
rose de roos
round (*circular*) rond
  it's my round ik betaal deze ronde
rowing boat de roeiboot
rubber (*eraser*) het vlakgom
  (*material*) het rubber
rubbish het afval
ruby (*colour*) robijn
  (*stone*) de robijn
rucksack de rugzak
rug (*mat*) het vloerkleedje
  (*blanket*) het deken
ruins de ruïne
ruler de lineaal
rum de rum
run rennen
runway de startbaan

sad bedroefd
safe veilig
safety pin de veiligheidsspeld

sailing boat de zeilboot
salad de salade, de sla, het slaatje
salami de salami
sale de verkoop
  (*at reduced prices*) de uitverkoop
salmon de zalm
salt het zout
same: the same hetzelfde
sand het zand
sandals de sandalen
sand dunes de duinen
sandwich de boterham
sanitary towels het maandverband
sauce de saus
saucepan de steelpan
sauna de sauna
sausage de worst
say zeggen
  what did you say?
  wat zei u?
  how do you say …?
  hoe zeg je …?
scampi garnalen
Scandinavia Scandinavië
scarf de sjaal
school de school
scissors de schaar
Scot (*man*) de Schot
  (*woman*) de Schotse
Scotland Schotland
Scottish Schots
screw de schroef
screwdriver de schroevedraaier
sea de zee
seafood restaurant het visrestaurant
seat de plaats
seat belt de veiligheidsgordel
see zien
  I can't see
  ik kan het niet zien
  I see! nu begrijp ik het!

117

sell verkopen
serious serieus
serviette het servet
several verscheidene
sew naaien
shampoo de shampoo
shave *(verb)* scheren
shaving foam de scheerschuim
shawl de omslagdoek
   (for head) de hoofddoek
she ze, zij
sheet het laken
shell de schelp
sherry de sherry
ship het schip
shirt het overhemd
shoelaces de schoenveters
shoe polish de schoensmeer
shoe shop de schoenenwinkel
shoes de schoenen
shop de winkel
shopping: to go shopping
   gaan winkelen
shopping centre
   het winkelcentrum
short kort
shorts de korte broek
shoulder de schouder
shower *(bath)* de douche
   (rain) de regenbui
shower gel de douche gel
shrimp de garnaal
shutter *(camera)* de sluiter
   (window) het luik
sick *(ill)* ziek
   I feel sick ik voel me misselijk
side de kant
   (page) de bladzijde
   I'm on his side
   ik sta aan zijn kant
sidelights de zijlichten

sights: the sights of …
   de bezienswaardigheden van …
silk de zijde
silver *(colour)* zilverkleurig
   (metal) het zilver
simple eenvoudig
sing zingen
single *(unmarried)* ongehuwd
single room de eenpersoonskamer
sister de zus
skates de schaatsen
skid *(verb)* slippen
skin cleanser de huidreiniger
skirt de rok
sky de hemel
sledge de slee
sleep *(verb)* slapen
   to go to sleep gaan slapen
sleepy: I am sleepy
   ik heb slaap
sleeping bag de slaapzak
sleeping car de slaapwagen
sleeping pill de slaappil
sling *(med)* de mitella
slippers de pantoffels
slow langzaam
small klein
smell *(noun)* de geur
   (verb) ruiken
smile *(noun)* de glimlach
   (verb) glimlachen
smoke *(noun)* de rook
   (verb) roken
snack het hapje
snorkel de snorkel
snow de sneeuw
so zo
soaking solution *(for contact lenses)*
   de bewaarvloeistof
soap de zeep
socks de sokken

soda water het sodawater

somebody iemand

somehow
op de een of andere manier

something iets

sometimes soms

somewhere ergens

son de zoon

song het lied

sorry: I'm sorry het spijt me

soup de soep

south het zuiden

South Africa Zuidafrika

South African
(man) de Zuidafrikaner
(woman) de Zuidafrikaanse
(adj) Zuidafrikaans

souvenir het souvenir

spade (shovel) de schop
(cards) schoppen

Spain Spanje

Spaniard de Spanjaard

Spanish Spaans

spanner de moersleutel

spares de reserve-onderdelen

spark(ing) plug
de ontstekingsbougie

speak spreken
do you speak ...?
spreekt u ...?
I don't speak ...
ik spreek geen ...

speed de snelheid

speed limit de maximumsnelheid

speedometer de snelheidsmeter

spider de spin

spinach de spinazie

spoon de lepel

sprained verstuikt

spring (mechanical) de veer
(season) de lente

stadium het stadium

staircase de trap

stairs de trap

stamp de postzegel

stapler de nietmachine

star de ster

start de start, het begin
(verb) beginnen, starten

station het station

statue het standbeeld

steak de biefstuk

steal stelen
it's been stolen het is gestolen

steamer de stoomboot

steering wheel het stuur

steward de steward

sting (noun) de steek
(verb) steken
it stings het steekt

stockings de kousen

stomach de maag

stomachache de maagpijn

stop (verb) stoppen
(bus stop) de busstop
Stop! Stop!

storm de storm

strawberry de aardbei

stream (small river) het riviertje

street de straat

string (cord) het koord
(guitar etc) de snaar

student de student

stupid stom

suburbs de voorsteden

sugar de suiker

suit (noun) het pak
it suits you het staat je goed

suitcase de koffer

sun de zon

sunbathe zonnen

sunburnt door de zon verbrand

119

sunglasses de zonnebril
sunny zonnig
suntan de zonnebrand
suntan lotion de zonnebrandcrème
supermarket de supermarkt
supplement de toeslag
surname de achternaam
sweat *(verb)* zweten
  (noun) het zweet
sweatshirt het sweatshirt
sweet *(not sour)* zoet
  (candy) het snoepje
  (dessert) het nagerecht, het toetje
swimming costume het badpak
swimming pool het zwembad
swimming trunks de zwembroek
Swiss *(man)* de Zwitser
  (woman) de Zwitserse
  (adj) Zwitsers
switch de schakelaar
Switzerland Zwitserland
synagogue de synagoge

table de tafel
tablet de tablet
take nemen
takeaway *(fast-food shop)*
  het cafetaria
  to take away om mee te nemen
takeoff *(noun)* de start
  (verb) opstijgen
talcum powder het talkpoeder
talk *(verb)* praten
  (noun) het gesprek
tall lang
tampon de tampon
tangerine de manderijn
tap de kraan
tapestry het wandtapijt
tea de thee

tea towel de theedoek
telegram het telegram
telephone *(noun)* de telefoon
  (verb) telefoneren, bellen
telephone box de telefooncel
telephone call het telefoongesprek
television de televisie
temperature *(heat)* de temparatuur
  (fever) de verhoging
tent de tent
tent peg de tentpen, de tentharing
tent pole de tentpaal
than dan
thank *(verb)* bedanken
  thanks bedankt
  thank you dank u, dank u wel
that dat
  that man die man
  that woman die vrouw
  what's that? wat is dat?
  I think that … ik denk dat …
their hun
  it's theirs het is van hun
them: it's them ze zijn het
  it's for them het is voor hun
  give it to them geef het aan hun
then toen
  (consequently) dan
there daar
these: these things deze dingen
  these are mine
  deze zijn van mij
they zij
thick dik
thin dun
think denken
  I think so ik denk van wel
  I'll think about it
  ik zal er over nadenken
thirsty dorstig
  I'm thirsty ik heb dorst

this: this man deze man
  this woman deze vrouw
  this is Mr ... dit is mijnheer ...
those: those things deze dingen
  those are his die zijn van hem
throat de keel
throat pastilles de keelpastilles
through door
thunderstorm de onweersbui
ticket het kaartje, het plaats-bewijs
tide het getij
tie *(noun)* de stropdas
  (verb) vastbinden
tights de panties
time de tijd
  what's the time? hoe laat is het?
timetable de dienstregeling
tin het blik
tin opener de blikopener
tip *(money)* de fooi
tired moe
  I feel tired ik voel me moe
tissues de zakdoekjes
to: to England naar Engeland
  to the station naar het station
  to the bus stop naar de bushalte
toast de toast
tobacco de tabak
toboggan de slee
today vandaag
together samen
toilet het toilet
toilet paper het toiletpapier
tomato de tomaat
tomato juice het tomatensap
tomorrow morgen
tongue de tong
tonic de tonic
tonight vanavond
too *(also)* ook
  (excessive) te

tooth de tand
toothache de kiespijn
toothbrush de tandenborstel
toothpaste de tandpasta
torch de zaklantaarn
tour de reis
tourist de toerist
towel de handdoek
tower de toren
town de stad
town hall het stadshuis
toy het speelgoed
toy shop de speelgoedwinkel
track suit het trainingspak
tractor de tractor
tradition de traditie
traffic het verkeer
traffic lights de verkeerslichten
trailer de aanhangwagen
train de trein
translate vertalen
travel agency het reisbureau
traveller's cheque de reischeque
tray het blad
tree de boom
trousers de broek,
  de pantalon
try proberen
tulip de tulp
tunnel de tunnel
tweezers het pincet
typewriter de typemachine
tyre de band

umbrella de paraplu
uncle de oom
under onder
underground de metro
underpants de onderbroek
understand begrijpen

university de universiteit
until tot
unusual ongebruikelijk
up boven
urgent dringend
us: **it's us** wij zijn het
  it's for us het is voor ons
  give it to us
  geef het aan ons
use *(noun)* het gebruik
  (verb) gebruiken
  it's no use
  het heeft geen zin
useful nuttig
usual gewoonlijk
usually gewoonlijk

vacancy *(job)* de vacature
  (room) een kamer vrij
vacuum cleaner de stofzuiger
vacuum flask de thermosfles
valley het dal
valve het ventiel
vanilla de vanille
vase de vaas
veal het kalfsvlees
vegetables de groenten
vegetarian
  (person) de vegetariër
  (adj) vegetarisch
vehicle het voertuig
very erg, zeer
vest het onderhemd
view het uitzicht
viewfinder de zoeker
villa de villa
village het dorp
vinegar de azijn
violin de viool
visa het visum

visit *(noun)* het bezoek
  (verb) bezoeken
visitor de bezoeker
vitamin tablet
  de vitaminetablet
vodka de wodka
voice de stem

wait wachten
waiter de ober
waiting room de wachtkamer
waitress de serveerster
Wales Wales
walk *(verb)* wandelen, lopen
  (noun) de wandeling
  to go for a walk
  een wandeling maken
wall *(inside)* de wand
  (outside) de muur
wallet de portefeuille
war de oorlog
wardrobe de kleerkast
warm warm
was: **I was** ik was
  he/she/it was hij/zij/het was
washing powder het waspoeder
washing-up liquid
  het afwasmiddel
wasp de wesp
watch *(noun)* het horloge
  (verb) kijken
water het water
waterfall de waterval
wave *(noun)* de golf
  (verb) wuiven
we wij
weather het weer
Web site de Web site
wedding de bruiloft
week de week

122

welcome welkom

wellingtons de rubberlaarzen

Welsh *(adj)* Wels

  she's Welsh

  zij komt uit Wales

Welshman een bewoner

  van Wales

were: we were we waren

  they were zij waren

  you were *(sing. familiar)* jij was

  (sing. polite) u was

  (plural familiar) jullie waren

  (plural polite) u was

west het westen

West Indies West-Indie

wet nat

what? wat?

wheel het wiel

wheelchair de rolstoel

when? wanneer?

where? waar?

which? welke?

whisky de whisky

white wit

who? wie?

why? waarom?

wide wijd

wife de echtgenote

wind de wind

windmill de windmolen

window het raam

windscreen de voorruit

windscreen wiper

  de ruitenwisser

wine de wijn

wine list de wijnkaart

wine merchant

  de wijnverkoper

wing de vleugel

with met

without zonder

woman de vrouw

women's toilet

  het damestoilet

wood *(forest)* het bos

  (material) het hout

wool de wol

word het woord

work *(noun)* het werk

  (verb) werken

worse slechter

worst slechtst

wrapping paper

  het inpakpapier

wrist de pols

writing paper het schrijfpapier

wrong fout

year het jaar

yellow geel

yes ja

yesterday gisteren

yet: is it ready yet?

  is het al klaar?

  not yet nog niet

yoghurt de yoghurt

you *(singular familiar)* jij

  (sing. polite) u

  (plural familiar) jullie

  (plural polite) u

your *(sing. familiar)* jouw

  (sing. polite) uw

  (plural familiar) jullie

  (plural polite) uw

yours *(sing. familiar)* van jou

  (sing. polite) van u

youth hostel de jeugdherberg

zip de ritssluiting

zoo de dierentuin